DE L'IDÉE DE SOLIDARITÉ
ENTRE CODÉBITEURS

UNIVERSITÉ DE POITIERS

MM. Le Courtois (✳, I✳), Doyen, Professeur de Droit civil.

Ducrocq (O ✳, I ✳), Doyen honoraire, Professeur honoraire, Professeur à la Faculté de Droit de Paris, Correspondant de l'Institut.

Thézard (I ✳), Doyen honoraire, Professeur de Droit civil, Sénateur.

Arnault de la Ménardière (I ✳), Professeur de Droit civil.

Normand (I ✳), Professeur de Droit criminel, assesseur du Doyen.

Parenteau-Dubeugnon (I ✳), Professeur de Procédure civile.

Arthuys (I ✳), Professeur de Droit commercial et chargé du Cours de Droit maritime.

Bonnet (I ✳), Professeur de Droit romain.

Petit (I ✳), Professeur de Droit romain, chargé des Cours de Science et Législation financières et de Pandectes (Doctorat).

Barillleau (✳), Professeur de Droit administratif et chargé d'un Cours de Droit administratif pour le Doctorat.

N..., Professeur d'économie politique.

Surville (I ✳), Professeur de Droit international public et privé, et chargé d'un Cours de Droit civil.

Prévot-Leygonie (A ✳), Professeur d'Histoire du Droit public (Doctorat), des Principes du Droit public et de Droit constitutionnel comparé (Doctorat) ; chargé du Cours de Droit international public (2e année).

Michon, Professeur adjoint, chargé des Cours d'Histoire générale du Droit français et d'Eléments du Droit constitutionnel (1re année), et du Cours d'Histoire du Droit (Doctorat).

Chéneaux, Agrégé, chargé des Cours d'Economie politique (Doctorat), d'Histoire des Doctrines économiques et de Législation et Economie rurales.

Girault (A ✳), Agrégé, chargé du Cours d'Economie politique et du Cours de Législation et Economie coloniales.

Roche (I ✳), Secrétaire.

Coulon (I ✳), Secrétaire honoraire.

COMMISSION

Président :   M. Arnault de la Ménardière, professeur.

Suffragants :   { MM. Bonnet, professeur.
Chéneaux, agrégé.

UNIVERSITÉ DE POITIERS
FACULTÉ DE DROIT

DE
L'IDÉE DE SOLIDARITÉ
ENTRE CODÉBITEURS

(ÉTUDE HISTORIQUE, CRITIQUE ET DE DROIT COMPARÉ)

THÈSE POUR LE DOCTORAT

PRÉSENTÉE ET SOUTENUE

Le lundi 31 octobre 1898, à 3 heures, dans la salle
des Actes publics de la Faculté

PAR

Alexandre-Jean-Baptiste MELON

AVOCAT

LAURÉAT DE LA FACULTÉ (DROIT CIVIL 1892)

POITIERS
IMPRIMERIE BLAIS ET ROY
7, RUE VICTOR-HUGO, 7

1898

DE L'IDÉE DE SOLIDARITÉ

ENTRE CODÉBITEURS

IDÉES GÉNÉRALES

1. — Lorsque deux ou plusieurs débiteurs s'engagent vis-à-vis d'un même créancier, un principe très ancien et très général d'interprétation de volonté, c'est qu'ils sont obligés chacun pour sa part. Cette part sera quelquefois déterminée par le contrat, et alors il n'y aura qu'à appliquer la règle de l'art. 1134 C. civ. Quelquefois aussi l'acte générateur de l'obligation n'aura rien dit, et chacun des débiteurs devra payer une part virile dans la dette. On dit dans ce cas qu'il y a des dettes conjointes.

Ce que nous avons à retenir de cette situation spéciale, c'est qu'il y a autant de dettes distinctes avec des objets distincts que de débiteurs; d'où nous pouvons tirer des conséquences assez nombreuses :

1° Au point de vue du paiement, le créancier ne peut demander à chaque débiteur, et chaque débiteur ne doit au créancier que sa part dans la dette. Peu importe que tous les débiteurs se soient obligés dans le même acte. Dans le doute, les conventions s'interprètent en faveur du débiteur. (Art. 1162 C. civ.).

2° Le débiteur, n'étant tenu qu'au paiement de sa part, n'y est intéressé que pour cette part. S'il a payé toute la dette, il ne pourra pas invoquer l'art. 1251-3°, et prétendre qu'il est subrogé légalement au créancier contre ses codébiteurs. S'il veut être subrogé, il ne pourra obtenir qu'une subrogation conventionnelle dans les termes de l'art. 1250-1° (subrogation par le créancier) ou de l'art. 1250-2° (subrogation par ses codébiteurs). Mais s'il n'a pas obtenu cette subrogation, il ne pourra prétendre qu'à une action de mandat ou de gestion d'affaires, selon qu'il aura ou non reçu mandat de payer de la part de ses codébiteurs. Peut-être même n'aura-t-il pas d'action du tout, si ses codébiteurs se sont opposés au paiement. Dans ce cas, il ne pourra avoir contre eux que l'action *de in rem verso* fondée sur l'enrichissement, et peut-être ne se sont-ils pas enrichis.

3° Si l'un des débiteurs devient insolvable, c'est le créancier qui supportera cette insolvabilité.

4° L'interruption de prescription contre l'un des débiteurs conjoints n'a aucun effet à l'égard des autres. Il n'y aura interruption que pour la part du débiteur interpellé, et la prescription pour le surplus continuera à courir contre les autres.

5° S'agit-il d'une obligation avec clause pénale? L'inexécution par l'un des débiteurs conjoints ne donne droit au profit du créancier qu'à une partie de la clause pénale correspondante à la part de ce débiteur dans la dette.

6° Si la part de chaque débiteur dans la dette est inférieure à 1500 fr., les jugements rendus sur cette dette ne seront pas susceptibles d'appel. Peu importe que la dette soit au total bien supérieure à 1500 fr. Primus, Secundus, Tertius doivent 3.000 fr. à un créancier, Pierre. Cela fait chacun 1000 fr. Il n'y aura pas d'appel des jugements rendus sur cette dette de 3000 fr. C'est qu'en réalité il ne s'agit pas d'une dette de 3.000 fr., mais de trois dettes juxtaposées, conjointes, disons-nous ordinairement, de 1000 fr. chacune.

7° S'agit-il d'une dette de corps certain? Primus, Secundus, Tertius doivent à Pierre les 30 hectolitres de vin qu'ils ont récoltés en 1897 dans leur vignoble de Saumur. Le vin est perdu par la faute de Primus. Quelque lourde que soit cette faute, Primus aurait-il mis le feu au cellier où était le vin, Secundus et Tertius sont libérés par cette perte. Ils ne doivent plus ni le vin, ni sa valeur. Primus seul reste débiteur pour toute la valeur du vin et pour les dommages-intérêts.

2. — Ce principe de la division légale des dettes reçoit exception, ou plutôt est mis provisoirement en échec, sauf à reparaître comme nous le démontrera cette étude, par suite de diverses circonstances, et particulièrement de l'indivisibilité de l'objet dû et des clauses de l'acte générateur de l'obligation.

3. — L'indivisibilité est une exception tenant à la nature de l'objet dû. Elle peut résulter de plusieurs circonstances (Pothier, *Traité des obligations*, n°ˢ 292 à 295).

1° L'obligation peut être indivisible absolument (*naturâ*), si l'objet dû n'est susceptible de division ni matérielle, ni intellectuelle. Par exemple, il est dû une servitude, telle qu'un droit de passage à pied pour une personne (*Ulpien, loi 72 Dig. De verborum obligationibus, lib. XLV, tit. I*).

2° L'obligation peut être indivisible par suite du contrat (*obligatione*). Tel sera le cas où Pierre aura acheté un fonds de terre d'un hectare pour construire un théâtre. L'hectare est considéré comme un tout. Ou bien encore il s'agit d'une obligation de faire, de construire une maison à deux étages, par exemple.

3° Enfin l'obligation peut être indivisible quant au paiement (indivisibilité *solutione tantum*). Primus, Secundus, Tertius doivent à Pierre un cheval, *in genere*. S'il s'agissait d'un cheval déterminé, de Cazabat, par exemple, évidemment Primus, Secundius, Tertius seraient libérés en faisant la délivrance chacun pour un tiers, et ajoutons qu'ils ne seraient libérés qu'en faisant cette délivrance. Mais il s'agit d'un cheval *in genere*. Primus ne pourra livrer un tiers dans le Roi-Soleil, Secundus un tiers dans Cazabat, Tertius un tiers dans Gardefeu. Il faut qu'ils s'entendent pour livrer le même cheval.

4. — Mais les exceptions au principe de la division légale des dettes peuvent aussi, avons-nous dit, se rattacher aux clauses de l'acte générateur d'obligation, c'est-à-dire aux conventions, au testament, ou aux dispositions supplétives de la loi. Elles peuvent, en d'autres termes, résulter de la solidarité, soit conventionnelle ou légale. C'est de ces exceptions tenant à la solidarité que nous allons nous occuper désormais.

5. — DÉFINITION. — On peut définir la solidarité en disant : C'est une particularité en vertu de laquelle, une obligation étant formée au profit de plusieurs créanciers ou à la charge de plusieurs débiteurs, chacun des créanciers ou chacun des débiteurs est considéré comme créancier ou débiteur pour le tout.

6. — Cette définition nous montre que la solidarité peut exister entre plusieurs créanciers ou entre plusieurs débiteurs, qu'elle peut être, selon les termes consacrés par l'usage, active ou passive. Nous ne nous occuperons pas de la solidarité active, qui n'est pas pratique et ne l'a jamais été beaucoup. Il est difficile de lui trouver une utilité dans notre droit. Chaque créancier est créancier pour sa part de la dette, mandataire des autres pour le surplus ; mais le mandat donné par l'un des créanciers à l'autre, de faire des diligences pour la conservation de la créance commune, présente sur cette institution l'avantage d'être révocable et de ne pas passer aux héritiers (art. 2003 et 2004 du Code civil).

7. — La solidarité entre débiteurs, au contraire, est des plus pratiques. Nous verrons bientôt pourquoi ; mais il nous faut auparavant en donner une notion sommaire, la distinguer de l'obligation conjointe ou indivisible, et voir les modifications qu'elle fait subir au principe de la division légale des dettes.

Chacun des débiteurs, avons-nous dit dans notre définition, est débiteur pour toute la dette. Mais le débiteur d'une obligation indivisible est tenu lui aussi pour toute la dette (art. 1222 C. civ.). Faut-il donc confondre l'indivisibilité avec la solidarité ?

Cette confusion existe dans quelques législations. C'est ainsi que le législateur mexicain (Code civil mexicain, art. 1204 à 1234) a rangé sous le nom de « *man-communidad* » l'indivisibilité comme la solidarité. Dans le Code civil mexicain, l'indivisibilité est un cas de solidarité passive.

De même le Code civil allemand du 18 août 1896, mettant de côté toute la théorie subtile des obligations indivisibles (art. 427, 431 et 432), semble les avoir assimilées aux obligations solidaires (1).

Au contraire, dans notre droit, la distinction entre la solidarité et l'indivisibilité est bien tranchée. C'est que l'indivisibilité tient à la nature de l'objet; c'est une « fatalité à laquelle personne ne peut échapper », tandis que dans la solidarité il y a une modalité particulière de l'obligation, une volonté créatrice, contrat, testament ou effet de la loi. Dumoulin l'avait déjà dit : « *In obligatione correali totaliter debetur ex obligatione; in obligatione individua, totum debetur ex necessitate, non totaliter.* » Dans l'obligation indivisible, il peut donc y avoir prestation pour le tout en fait, mais non pas en droit.

Il en résulte que : 1° si la dette indivisible est transformée par suite d'une circonstance quelconque en une dette divisible, par exemple, en une estimation en argent, chacun des codébiteurs ne devra au créancier que sa part (Cass., 14 juin 1887. D. 88. 1. 19). Dans le même cas, chacun des débiteurs solidaires continue à être tenu pour la totalité.

2° Tandis que chacun des héritiers du débiteur solidaire n'est tenu que pour sa part, l'obligation

(1) Mais l'art. 432 de ce Code prévoit formellement le cas d'une indivisibilité active, à la différence du Code mexicain. Cet article décide qu'en cas d'indivisibilité active, le débiteur ne peut payer qu'à tous les créanciers et ne peut être actionné que par tous. Par ailleurs, dit M. Raoul de la Grasserie (note sous cet article 432), il n'en résulte qu'une solidarité imparfaite indirecte.

indivisible ne se partage pas entre les héritiers du débiteur (art. 1223).

8. — Sans approfondir cette distinction entre l'indivisibilité et la solidarité, nous avons maintenant à parcourir les modifications que la solidarité apporte au principe de la division légale des dettes. Ces différences avec les obligations conjointes tiennent à une opposition de principe : les obligations conjointes sont en effet des obligations juxtaposées avec des objets distincts, tandis que les obligations solidaires sont, pour ainsi dire, des obligations superposées sur un même objet.

Qu'est-ce que cela signifie? Le voici: Nous avons vu que, dans les obligations conjointes, il y avait pluralité d'objets et pluralité d'obligations. Au contraire, dans les obligations solidaires, il y a bien pluralité de liens obligatoires, mais il y a unité d'objet « *una res vertitur* » (*Instit. de Justinien*, III, 16, 1). Chacun des codébiteurs solidaires est considéré vis-à-vis du créancier comme débiteur pour le tout. Il va en résulter des conséquences diamétralement opposées à celles des obligations conjointes :

1° Chacun des débiteurs est tenu et peut être contraint pour la totalité, comme s'il avait contracté seul la dette. C'est là, avons-nous dit, un point commun avec l'indivisibilité ;

2° En cas de dettes conjointes, le débiteur qui a payé le total a, tantôt l'action *mandati*, tantôt l'action *negotiorum gestorum*, ou l'action *de in rem verso*. Mais il ne saurait prétendre aux actions du créancier, sinon au moyen d'une subrogation conventionnelle. Le débiteur solidaire, lui, peut invoquer l'article 1251-3°. Il est tenu avec d'autres et pour d'autres ; avec d'autres, pour le paiement de sa part dans la dette ; pour d'autres, en qualité de caution pour ce qui excède sa part. Il sera subrogé légalement aux droits du créancier (Mourlon, *Subrogation personnelle*, p. 108).

Cependant, inspiré par des considérations d'équité, peut-être aussi pour éviter un circuit d'actions, l'article 1214 décide que le « codébiteur d'une dette solidaire, qui l'a payée en entier, ne peut répéter contre les autres que la part et portion de chacun d'eux » (art. 1214, al. 1).

3° Si l'un des débiteurs solidaires devient insolvable, la perte qu'occasionne cette insolvabilité se répartit entre ses codébiteurs (art. 1214, al. 2).

4° « Les poursuites faites contre l'un des débiteurs solidaires interrompent la prescription à l'égard de tous » (art. 1206).

5° Dans le cas où une clause pénale aurait été stipulée pour inexécution de l'obligation solidaire, on admet, depuis Dumoulin, que la contravention de l'un des débiteurs solidaires soumet tous ses codébiteurs au paiement de la peine. Le législateur de 1804 (art. 1207), allant encore plus loin et consacrant la doctrine établie par un arrêt du Parlement de 1630, décide que « la demande d'intérêts formée « contre l'un des débiteurs solidaires fait courir les « intérêts à l'égard de tous ».

6° Du moment que la totalité de la dette solidaire est supérieure à 1500 fr., les jugements rendus au sujet de cette dette seront susceptibles d'appel, conformément au droit commun.

7° « Si la chose due a péri par la faute ou pendant « la demeure de l'un ou de plusieurs des débiteurs « solidaires, les autres codébiteurs ne sont point « déchargés de l'obligation de payer le prix de la « chose » (art. 1205, al. 1).

9. — La solidarité entre codébiteurs présente donc une exception très nette et très complète au principe de la division légale des dettes. Aussi n'y a-t-il rien d'étonnant à ce que l'on doive interpréter restrictivement cette institution dérogatoire au droit commun (art. 1202). « La solidarité, dit cet article, « ne se présume point; il faut qu'elle soit expressé- « ment stipulée. » Et nous pourrons constater dans le cours de notre étude que les législations, qui donnent à la solidarité les effets les moins énergiques, par conséquent les moins dérogatoires au droit commun, sont précisément celles qui l'admettent dans les cas les plus nombreux, en dehors de toute convention des parties.

10. — Nous allons donc nous trouver en présence de deux systèmes législatifs opposés ; d'une part, celui des législations latines, copiées sur le droit français avec quelques modifications, où la solidarité aura des effets très énergiques, mais sera prévue par la loi dans des cas très limités. A ce premier système législatif, outre les Codes des nations latines de l'Europe et de l'Amérique, se rattachent les lois de la province canadienne de Québec et le Code Japonais de 1890, qui a poussé à l'extrême l'énergie de la solidarité.

Les législations germaniques, au contraire, telles que le Landrecht prussien, le Code fédéral suisse des obligations, le Code civil allemand de 1896, les législations russe et suédoise, n'admettent, à des degrés divers, qu'une solidarité imparfaite, c'est-à-dire à effets limités ; mais par contre les cas de solidarité y seront plus nombreux.

11. — Quel est entre ces deux systèmes le meilleur ? Quel est celui vers lequel nous conduisent la raison et l'évolution historique ? Tel est le problème intéressant et délicat que nous aurons à résoudre. Mais il nous faut auparavant dégager encore quelques idées générales, et nous demander quel intérêt puissant guide les législateurs dans leurs théories sur la solidarité. Quelle est en d'autres termes l'utilité et la raison d'être de la solidarité passive ?

12. — Le motif de cette faveur, c'est que la solidarité présente un grand intérêt économique, soit pour le créancier, soit pour les débiteurs.

L'intérêt du créancier est facile à déterminer. L'engagement solidaire de ses débiteurs est pour lui une garantie de premier ordre. Dans notre droit, il y trouvera à la fois sûreté et commodité.

Il y trouvera d'abord sûreté. Chacun des débiteurs solidaires est tenu vis-à-vis de lui de toute la dette. Les conséquences de l'insolvabilité de l'un d'eux, au lieu de préjudicier au créancier, retombent sur les autres débiteurs. La perte de la chose due par la faute de l'un des débiteurs, loin de libérer les autres et de ne laisser au créancier que la garantie, illusoire peut-être, du gage général sur les biens du débiteur en faute (art. 1302), oblige les autres codébiteurs à payer la valeur de la chose (art. 1205 C. civ.).

Le créancier, sûr d'être désintéressé, aura d'ailleurs toutes facilités pour agir. Il pourra demander la dette à celui des débiteurs qu'il lui plaira (art. 1203). Il choisira sans aucun doute le plus solvable. Et d'ailleurs peu lui importe : Sa demande n'aura-t-elle pas interrompu la prescription à l'égard de tous ? (art. 1206). Peut-être même aura-t-elle pour effet de faire courir les intérêts légaux ou conventionnels à l'égard de tous (art. 1207 C. civ.) .

On le voit, la solidarité est un moyen de garantie de premier ordre. Cette idée se dégagera encore plus nettement si nous passons en revue les diverses garanties réelles ou personnelles, organisées par notre droit, en les comparant à la solidarité au point de vue des avantages que peut en retirer le créancier.

13. — SURETÉS RÉELLES. — Ce sont le nantissement (gage ou antichrèse), le privilège et l'hypothèque.

Le nantissement semble au premier abord la plus précieuse des sûretés pour le créancier. Le créancier a entre ses mains l'objet du gage. Rien de plus sûr. Mais le créancier peut s'être trompé sur la valeur de l'objet; cet objet peut périr. Il ne peut d'ailleurs se l'approprier et il lui faudra une décision de justice pour le convertir en argent et se payer sur le prix (art. 2078 et 2088 C. civ.). Cela entraînera des frais qui viendront encore diminuer la valeur du gage. Enfin la constitution d'un nantissement est soumise à des formes étroites et souvent coûteuses (art. 2074-2075-2085 C. civ.; art. 2-1°, Loi du 23 mars 1855). Au contraire, si le créancier a plusieurs débiteurs solidaires (et une simple convention suffira à cet égard), peut-être n'aura-t-il sur leurs biens ni privilège, ni droit de rétention; mais, bien certainement, tous répondront sur tous leurs biens de la dette entière.

Le privilège ne peut garantir toutes sortes de créances. Il n'est accordé que par la loi et en considération de la faveur qu'elle accorde à la créance garantie. La solidarité, au contraire, peut être attachée par la convention à toutes sortes de dettes.

L'hypothèque enfin est une sûreté aussi générale que possible. Elle peut être conventionnelle, légale ou judiciaire. Mais l'hypothèque conventionnelle est soumise au principe de la spécialité (art. 2129 Code civ.). Elle demande des soins incessants : inscription, renouvellement d'inscription, etc... Elle ne peut être consentie que par acte authentique (art. 2127). Enfin, elle ne peut porter que sur des immeubles (art. 2119). La fortune mobilière se développant de plus en plus de notre temps, la plupart des valeurs ne pourront plus servir de base au crédit hypothécaire.

Il faut bien reconnaître cependant que les sûretés réelles, dans un grand nombre de cas, grâce au droit de préférence et au droit de suite, procureront au créancier une satisfaction au moins égale à celle qu'il retirera de la solidarité. Mais celle-ci aura une application plus générale, au double point de vue des créances garanties et des biens grevés.

14. — Sûretés personnelles. — Au cas d'insolvabilité du débiteur principal, les sûretés personnelles, cautionnement et solidarité, à la différence des sûretés réelles, réservent un recours contre les garants. Elles ont une assiette plus générale. Ici plus de concurrence redoutable pour la solidarité, du moins si l'on se place au point de vue du créancier.

Nous ne trouvons en effet que le cautionnement à mettre en regard de la solidarité.

Or le cautionnement est une garantie inférieure à la solidarité à plusieurs points de vue :

1° Au point de vue du bénéfice de discussion (art. 2021 C. civ.). La caution poursuivie par le créancier peut faire suspendre les poursuites en requérant la discussion, c'est-à-dire la mise en vente des biens du débiteur. La caution, en d'autres termes, n'est qu'un obligé accessoire. Le débiteur solidaire est un obligé principal.

2° Au point de vue du bénéfice de division (art. 1203 comparé avec l'art. 2026 C. civ.). Ce bénéfice appartient à la caution et non au débiteur solidaire.

3° Au moins dans l'opinion générale, car la question est controversée, au point de vue du bénéfice de cession d'actions (art. 2037).

4° L'interpellation faite à un des débiteurs solidaires interrompt la prescription contre ses codébiteurs (art. 2249, al. 1). Au contraire, l'art. 2250 nous dit bien que l'interpellation faite au débiteur principal ou sa reconnaissance interrompt la prescription contre la caution; mais la loi ne nous dit pas que l'interpellation faite à la caution interrompt la prescription contre le débiteur principal et contre les autres cautions.

15. — La solidarité est donc très utile au créancier. Mais elle est aussi utile au débiteur. Puisqu'elle est une garantie puissante, elle sera un puissant moyen de crédit. Telles personnes qui, prises isolément, présentent trop peu de surface pour obtenir du crédit, pourront en obtenir par la solidarité. Ce seront, par exemple, des ouvriers, des petits propriétaires qui formeront des sociétés coopératives de crédit (banques Raiffaisen, banques Schultze Delitzch, banques populaires fondées en France par le Père Ludovic de Besse).

Ou bien encore ce seront de petits commerçants, quelquefois de gros banquiers, qui formeront une société en nom collectif, ou une société en commandite simple, où ils joueront le rôle de commandités. Ils verront ainsi leur crédit peut-être encore plus augmenté que leur nombre.

D'autres fois, enfin, une personne ayant besoin d'argent, le créancier lui demandera des sûretés, et acceptera d'elle de préférence l'engagement solidaire d'une ou de plusieurs autres personnes.

Telles sont les raisons qui ont fait de la solidarité passive une institution pratique.

16. — Mais la solidarité n'est pas sans inconvénients pour le débiteur, surtout dans ce dernier cas, où des codébiteurs solidaires accèdent à une obligation pour en garantir l'exécution, et sans y être eux-mêmes intéressés.

Lorsque tous les débiteurs solidaires sont intéressés à la dette, la solidarité les expose à faire l'avance de toute la dette, contrairement à ce qui se passe au cas ordinaire de dettes conjointes. Bien plus, tel acte qu'ils auront ignoré aura des conséquences contre eux. C'est ainsi que l'interruption de prescription, la demande d'intérêts formée contre un débiteur solidaire ont effet à l'égard des autres.

Si, au contraire, un débiteur offre à son créancier des garanties personnelles, les garants préféreront de beaucoup s'engager en qualité de cautions plutôt qu'en qualité de codébiteurs solidaires. Sans doute, les codébiteurs solidaires non intéressés auront la ressource de l'article 1216 C. civ., aux termes duquel ils ne seront considérés vis-à-vis du débiteur seul intéressé que comme ses cautions. Mais ils seront cependant exposés à faire l'avance de toute la dette, sans pouvoir opposer au créancier les divers bénéfices de la caution.

Il en résulte que le débiteur trouvera bien plus facilement des cautions que des codébiteurs. La solidarité, par l'énergie de ses effets, aura diminué son crédit.

17. — Aussi le débiteur préférerait-il voir former la loi de son contrat d'après les règles des dettes conjointes, ou au moins du cautionnement. Mais il aura à lutter contre l'influence contraire du créancier. Pour le créancier, nous l'avons démontré, la solidarité est bien préférable. Si le cautionnement lui donne presque la même sécurité, il est moins commode. Il donne lieu à plus de lenteurs et de frais.

Aussi le créancier, toutes les fois qu'il fera la loi du contrat, et ce sera le cas ordinaire, exigera la solidarité des débiteurs.

18. — Il est à craindre cependant que cette garantie ne devienne illusoire. Si les effets de la solidarité sont trop énergiques, les débiteurs accablés refuseront de s'engager solidairement. Accepteront seuls cette forme d'engagement les individus aux abois, d'une solvabilité absolument nulle, et le créancier, pour avoir voulu être trop protégé, ne sera plus protégé du tout. Le crédit trop vivement comprimé disparaîtra complètement. Il faudra chercher une transaction équitable entre les intérêts des créanciers et ceux des débiteurs.

Cette transaction, dans le cas du moins d'un débiteur seul intéressé avec des garants personnels, le droit français et la plupart des législations modernes l'ont trouvée dans le cautionnement solidaire.

19. — Nous pouvons encore répéter notre question : Quel est le système logique d'organisation de la solidarité? Quel est le système à admettre en équité et en raison? Quel est le système de l'avenir?

La réponse à cette question sera infiniment complexe. Il faudra, pour y répondre, nous inspirer des enseignements de l'histoire, de la législation comparée, et enfin des mœurs et des usages.

20. — Un phénomène historique remarquable

c'est que « l'histoire n'est qu'un perpétuel recommencement ». Telle institution, que l'on a pu croire disparue pour jamais, reparaît à des milliers d'années d'intervalle. Tandis que certains peuples resteront stationnaires pendant un nombre indéfini de générations (Législations asiatiques, telles que l'Inde et la Chine), d'autres peuples modifieront leurs lois avec leurs mœurs.

Et, chose curieuse, il arrive souvent que cette évolution ramène les peuples progressifs à leur point de départ. C'est ainsi que les perfectionnements de l'échange tendent, au moyen de la monnaie de papier et de la lettre de change, à nous ramener au troc primitif.

C'est ainsi encore que la concurrence, le perfectionnement des moyens de transport, la fondation de syndicats agricoles et de sociétés coopératives de consommation éliminent peu à peu de nos sociétés actuelles la classe des marchands, et remettent comme autrefois le producteur en face du consommateur (Gide, *Principes d'Économie politique*, 2ᵉ édition, 1889, p. 253).

21. — Rien d'étonnant à ce phénomène; ce serait ici le cas de répéter le mot fameux: *Quid leges sine moribus?* — Les institutions d'un peuple correspondent nécessairement aux « conditions écono-« miques, politiques, intellectuelles et morales dans « lesquelles ce peuple se trouve placé, au degré de

« civilisation auquel ce peuple est parvenu » (Gautier, *Histoire du droit*, pages 8, 9 et suivantes).

Ces institutions resteront les mêmes, si les besoins du pays et du citoyen restent identiques. Puis, à des besoins nouveaux, l'intervention du législateur, la pratique des affaires, la jurisprudence viendront adapter de nouvelles institutions. « Les lois sont les « rapports nécessaires qui résultent de la nature des « choses » (Montesquieu, *Esprit des lois*, 1re phrase).

C'est ainsi que le collectivisme de la *gens* romaine et le formalisme étroit de la stipulation engendraient primitivement une solidarité nécessaire entre les membres de la même famille. Chose curieuse, nous constatons à notre époque une conséquence à peu près semblable du développement de l'esprit d'association (sociétés coopératives de crédit), et d'excellents auteurs prétendent encore faire de la solidarité entre les signataires d'une lettre de change une conséquence directe du formalisme de leur engagement (1).

22. — La législation comparée nous sera également d'un grand secours. Si les mêmes conditions économiques, se produisant à des époques différentes, donnent naissance à des institutions juridiques identiques, cette vérité est encore bien plus inéluctable lorsqu'on envisage, à un même moment, les institu-

(1) Fournier, *Etude sur le cautionnement solidaire* (n° 5). Extrait de *Revue critique*, 1887.

tions juridiques des divers peuples arrivés au même degré de civilisation. Aujourd'hui surtout que des moyens de communication perfectionnés ont en quelque sorte supprimé les frontières, le fameux mot de Pascal : « Vérité en deçà des Pyrénées, erreur au delà, » tend de plus en plus à devenir une hérésie juridique ; au moment où surgissent des besoins économiques nouveaux, les diverses législations y satisferont sans doute par des moyens différents. Mais il est souhaitable (et cela devient de plus en plus vrai) que la meilleure formule devienne la formule universelle. Notre Code civil de 1804, qui fut le plus parfait de son époque, ne régit-il pas encore la moitié des nations civilisées (1) ?

23. — Il est encore une influence que l'on ne saurait oublier, quand on étudie l'idée qu'il faut se faire de la solidarité passive.

La solidarité, avons-nous dit, est une sûreté pour le créancier, un moyen de crédit pour le débiteur.

Comment remplira-t-elle ces deux buts en quelque sorte opposés ? — Si les effets de la solidarité comparés, à une époque donnée, à ceux des autres sûretés personnelles ou réelles sont trop énergiques, le débiteur refusera de s'y soumettre ; elle perdra de son importance comme moyen de crédit. Ces effets, au contraire, font-ils de la solidarité une garantie inférieure aux autres, le créancier, ordi-

____

(1) Je ne parle, bien entendu, que des principes généraux du Code civ.

nairement maître de régler la loi du contrat, dédaignera la solidarité et stipulera une sûreté réelle. La solidarité n'existera plus comme sûreté.

En d'autres termes, dans une bonne législation, il y aura corrélation entre les effets de la solidarité et ceux des autres sûretés.

24. — Nous ne saurions enfin laisser de côté une autre influence qui agira sur le développement de l'idée de solidarité, et modifiera le rôle joué par elle aux diverses époques de l'histoire. Cette influence est celle du commerce.

Dans les sociétés primitives, où le commerce n'existe pas, nous trouverons sans doute la solidarité comme une conséquence du collectivisme familial et du formalisme originaires. Mais la solidarité n'y aura qu'une vie inconsciente, si nous osons ainsi parler. Elle sera un résultat mécanique et fatal, non une institution raisonnée. Elle sera subie plutôt que désirée et créée.

Le commerce, en se développant, amènera un développement correspondant de l'idée de solidarité. Le commerce s'accommode mal des lenteurs et des frais. Il exige des paiements rapides et non divisés, des moyens de preuve faciles, des voies d'exécution plus promptes, des sûretés énergiques. — Les peuples où le commerce grandira ne tarderont pas à s'apercevoir que la solidarité est un des meilleurs moyens de satisfaire à ses exigences. Ils commenceront à désirer la solidarité comme une sûreté, et, en même temps que la solidarité deviendra ainsi un moyen de garantie et de crédit, on en multipliera les avantages et les effets.

Les cas de solidarité deviendront aussi plus nombreux. C'est ainsi que, dans les législations modernes, la solidarité a fini par être présumée en matière commerciale, lorsque plusieurs personnes s'engagent envers un tiers dans une opération qui constitue de leur part un acte de commerce (1).

Bien plus, certaines législations admettront même que les cautions commerciales sont responsables solidairement comme le débiteur principal (2). Notre Code de commerce, allant moins loin, ne présume le cautionnement solidaire qu'en matière de lettre de change, c'est-à-dire en ce qui concerne l'*aval*.

25. — Dans nos sociétés actuelles, parvenues à un développement économique intense, on ne se contentera pas d'ailleurs de présumer la solidarité en matière commerciale. Cela ne suffirait pas, et, frappés des avantages de cette situation, nous donnons une extension de plus en plus grande à ce que nous pourrions appeler la *commercialisation* des actes.

(1) Jurisprudence française. — C. civil de la province de Québec, article 1105 *in fine*. — C. comm. Hongrois du 19 mai 1875, art. 268, 270, al. 2-*in initio*. — Code comm. Allemand, art. 280. — C. comm. Argentin du 9 octobre 1889, art. 480.

(2) C. comm. Argentin, art. 480; — Hongrois, art. 370; — Allemand, art. 281.

La présomption de solidarité s'appliquera donc à des cas de plus en plus nombreux.

C'est qu'une nouvelle école économique s'est créée, l'*école de la coopération*, qui admet comme seul programme l'extension de cette idée de solidarité (1).

Il semble, nous dit M. Gide (*loc. cit.*), qu'à notre époque l'idée de solidarité sous diverses formes (solidarité d'honneur, — solidarité sociale, — solidarité nationale, — solidarité internationale, — solidarité humaine, etc.) soit venue remplacer l'idée de liberté. De tous côtés, sur tous les points du territoire, nous voyons se former des syndicats, des sociétés de secours mutuels, des sociétés coopératives de crédit, de production, de consommation, etc., dont l'extrême extension semble due aux avantages que procurent aux sociétaires les liens de solidarité qui les unissent (2).

PLAN

26. — Nous allons étudier successivement :

1° L'idée de solidarité dans l'histoire, en droit romain, dans l'ancien droit et en droit français;

2° La même idée en législation comparée.

(1) Voir à ce sujet : Gide, *De l'Idée de Solidarité en tant que programme économique*. Extrait de la *Revue internationale de sociologie*, 1893. — Léon Bourgeois, *De la Solidarité*.

(2) Voir thèse de R. Thisse, *Étude comparée sur l'histoire et le rôle actuel du Cautionnement et de la Solidarité*. Montpellier, 1895, pages 267 et suivantes.

PREMIÈRE PARTIE

HISTOIRE DE LA SOLIDARITÉ PASSIVE

27. — Cette étude historique se divisera tout naturellement en trois chapitres, correspondant au droit romain, à l'ancien droit français et au Code civil.

Dans chaque chapitre nous aurons à distinguer les sources de la solidarité, c'est-à-dire les actes juridiques donnant naissance à l'idée de solidarité, et les effets de la solidarité. Nous nous contenterons d'en donner un aperçu général. Notre but est, en effet, non de recommencer une étude mille fois faite de la solidarité en elle-même, de ses sources et de ses effets, mais de voir à quelles idées elle a répondu aux diverses époques de l'histoire, et à quelles idées elle répond aujourd'hui.

CHAPITRE PREMIER

Histoire de la Solidarité passive en droit Romain.

28. — Dans toutes les législations primitives, en Grèce comme à Rome, la solidarité nous apparaît comme une conséquence de collectivisme de la famille. L'individu n'a aucun droit. La famille vit à l'état patriarcal sous l'autorité *potestas* ou χυριος) du parent mâle le plus âgé.

Elle seule est responsable des fautes commises par l'un de ses membres, à moins qu'elle ne se décharge de cette responsabilité par l'abandon noxal.

A ces époques reculées, les effets de la solidarité sont extrêmement rigoureux. — Le cautionnement n'existe pas d'une vie distincte. Il est confondu avec la solidarité.

L'obligation de la caution, comme celle du codébiteur solidaire, est une obligation principale. Bien mieux, on a pu soutenir (1) que le cautionnement avait existé d'abord indépendamment de toute obli-

(1) M. d'Ihering, *Esprit du droit Romain*, 4ᵉ édition, Leipzick, 1888, tome III, pp. xiii et suiv. — M. Cuenot, *Nouvelle Revue historique*, année 1893, p. 348.

gation à garantir, et que la première forme du cautionnement avait été la *caution avant-garde*.

29. — Cette confusion entre la solidarité et le cautionnement trouve d'ailleurs une nouvelle cause dans les rigueurs du formalisme. L'obligation est étroitement limitée par de « *concepta verba* ». Les sociétés encore barbares ne vont pas assez loin dans l'analyse juridique pour distinguer le caractère accessoire de l'engagement du garant. Or, la formule de la *sponsio*, celle de la *fidepromissio*, sont à très peu près analogues à celle de la solidarité. Il n'y a entre les deux institutions qu'une seule différence : le cautionnement étant un acte d'ami, contracté surtout *intuitu personæ*, ne sera pas transmissible aux héritiers.

30. — C'est seulement quand se sont relâchés les liens qui unissaient l'individu au groupe, lorsque les rigueurs du formalisme se sont atténuées, que l'on commence à distinguer la solidarité du cautionnement. Le *sponsor* qui a payé obtient, par la loi *Publilia* de l'année 427 de Rome, l'action *depensi* contre le débiteur principal; il peut même recourir sans jugement à la *manus injectio pro judicato* s'il n'est pas payé dans les six mois (Gaius, III, § 127 ; IV, §§ 9, 22, 25). — La célèbre *question des dettes* précipite le mouvement, qui est terminé, vers le vii⁰ siècle de Rome, par l'apparition des trois lois *Apuleia, Furia de sponsu* et *Cicereia*.

31. — Ces lois, dans l'analyse desquelles nous n'avons pas à entrer, avaient eu pour but et pour résultat de ruiner le crédit. Or le crédit est un organe essentiel à la vie de toute société civilisée. Ce besoin comprimé se fit jour par la création de la *fidejussio*.

La fidéjussion à l'origine marque une confusion nouvelle entre la solidarité et le cautionnement. Elle est solidaire quant à ses effets ; le fidéjusseur ne jouit pas, au moins à l'origine, des bénéfices de discussion et de division.

La fidéjussion a une grande supériorité comme moyen de crédit. L'obligation du fidéjusseur a pris un caractère pécuniaire. Elle est devenue transmissible à ses héritiers (G., III, 120, al.1 et 2). De plus, elle peut accéder à toutes sortes d'obligations. Peu importe la nature de l'obligation à naître à la validité du « *jussus* » et de la formule « *idem fide mea jubeo* ».

32. — Presque aussitôt, vers l'année 673 de Rome(1), intervint la loi *Cornelia* défendant à une même personne d'en cautionner une autre, la même année, auprès d'un même créancier, pour plus de 20.000 sesterces (environ 4.000 fr.).

Cette loi marque le point de départ d'un développement de l'idée de solidarité. Le crédit ne peut

---

(1) Mommsen, *Histoire romaine*, trad. V, pp. 248, 354 et suiv.

trouver de garanties ni dans les sûretés réelles encore insuffisantes, ni dans les diverses formes du cautionnement soumises aux prescriptions étroites de la loi *Cornelia*. Cette garantie, il la cherche dans la solidarité et l'on voit apparaître la solidarité sans *societas* (1). L'engagement solidaire, jusqu'ici mécanique, devient une sûreté et un moyen de crédit. Il y aura désormais des *correi non socii*, c'est-à-dire des codébiteurs solidaires non intéressés (Loi 4 C., VIII, 40).

33. — Peu à peu s'accentue la distinction entre les deux genres de sûretés personnelles ; nous ne retrouvons plus sans doute les influences de la question des dettes et du développement du droit individuel. Mais la troisième cause de la distinction, l'atténuation des rigueurs du formalisme, est devenue de plus en plus importante. La forme ne prédomine plus sur le fond. Les jurisconsultes romains, poussant plus loin l'analyse juridique, ne tardent pas à distinguer le caractère accessoire du cautionnement. Il en résulte une réaction contre le caractère unilatéral de la fidéjussion.

1° Presque aussitôt après la création de l'exception de dol, vers le milieu du vii° siècle de Rome, la jurisprudence introduit le bénéfice de cession d'ac-

---

(1) Gérardin place au contraire cette intervention de la solidarité comme moyen de crédit au moment où le cautionnement prend un caractère accessoire.

tions. Le codébiteur solidaire, comme le fidéjusseur, peut d'ailleurs l'opposer au moyen de l'*exceptio doli mali*.

Le codébiteur solidaire qui a payé n'a plus besoin désormais de prouver l'existence d'une société entre lui et ses codébiteurs, pour avoir un recours contre eux. Le *correus non socius* a un recours qu'il n'avait pas auparavant. De plus, le codébiteur solidaire, associé ou non, peut invoquer les sûretés qui appartenaient au créancier. — Jusqu'ici pas de différence bien tranchée entre la solidarité et le cautionnement.

2° Cette différence apparut lorsqu'un rescrit d'Hadrien eut créé le bénéfice de division, entre les cofidéjusseurs solvables. L'exception « *si non illi solvendo sint* » constitue une faveur à laquelle les fidéjusseurs ont seuls droit (G., Com. III, § 121).

3° La distinction est complète en l'année 539, lorsque Justinien introduit au profit des cautions le bénéfice d'ordre ou de discussion (loi 28 C., *De fidejussoribus*).

34. — En même temps, le développement du commerce avait amené dès l'époque d'Auguste un puissant développement du crédit. La limitation de la loi *Cornelia* n'existait plus. La fidéjussion n'était plus le seul moyen de cautionnement. Successivement avaient été introduits le *mandatum credendæ pecuniæ* au premier siècle de l'ère chrétienne, la *fidejus-*

sio indemnitatis, enfin le *pacte de constitut*. Le pacte de constitut, qui était devenu la forme de cautionnement commercial, se rapprochait beaucoup de la solidarité. Créé au temps de Labéon, peut-être dès l'époque de Plaute, le *constitut debiti alieni* présente sur le cautionnement et la solidarité l'avantage de n'être soumis à aucune forme, et peut avoir lieu entre absents. De plus, dans le *constitut*, la poursuite dirigée contre le débiteur principal n'éteint pas l'obligation du constituant, et réciproquement (1).

Ses effets sont aussi énergiques que ceux de la solidarité (2).

35. — La solidarité et le cautionnement présentent dans le dernier état du droit romain des points de contact :

1° Le fidéjusseur pouvait renoncer aux bénéfices de discussion et de division, soit tacitement en n'opposant pas le bénéfice d'ordre *in limine litis*, ou en n'invoquant pas l'exception *si non et ille solvendo sint*, soit à fortior iexpressément, *in ipso negotio*. Le cautionnement tendait ainsi vers la solidarité.

2° En revanche, la solidarité complétait ses effets par sa combinaison avec la fidéjussion. La *fidejussio alterna des correi*, tout en laissant au créancier

(1) May, *Éléments du Droit romain*. tome II, p. 408, édition de 1890 — Loi 14 Dig., *De pecunia constituta*.

(2) Arg^t de la C^{on} 3 C., *De pecunia constituta*, IV, 18, qui introduit le bénéfice de division en faveur de ceux qui sont obligés par un pacte de constitut.

tous les avantages de la solidarité (poursuite *in soli-dum* contre chacun, pas de bénéfice d'ordre), lui faisait acquérir des droits plus étendus. Tandis que dans la solidarité *alterius mora alteri non no-ret* (1) l'adjonction de la fidéjussion renverse cette règle (2).

Mais Justinien, par la Novelle 99, étend aux *fide-jussores alterni*, pour ce qui excède leur part person-sonnelle, les bénéfices de division et de discussion.

36. — Signalons enfin que le droit romain de Jus-tinien connaît une *responsabilité collective in solidum* fondée sur l'indivisibilité de la faute commune, et caractérisée par l'unité d'exécution de l'obligation.

La solidarité y remplit donc trois fonctions : 1° c'est un moyen de crédit pour des personnes intéressées à une même opération ; 2° c'est un mode énergique de cautionnement ; 3° Dans le cas de res-ponsabilité collective d'une faute commune, elle constitue, sous le nom d'obligation *in solidum* ou de simple solidarité, la garantie du recouvrement des indemnités dues.

Les deux premières fonctions de la solidarité, caractérisées par l'unité d'obligation, sont soumises à peu près aux mêmes règles. L'obligation in *so-lidum*, au contraire, doit en être distinguée.

____

(1) Loi 32, § 4, Digeste, *De usuris*, XXII, 1.
(2) Loi 24 D., *De usuris*. — Voir sur la *fidejussio alterna des correi*, L. 11 Dig., *De duobus reis*.

SECTION PREMIÈRE

DE LA SOLIDARITÉ PROPREMENT DITE EN DROIT ROMAIN

37. — A l'exemple de M. Gérardin (1) nous em-
ploierons le mot de solidarité pour désigner l'institution romaine que les commentateurs ont appelée
corréalité. Cela nous permettra de ne pas donner
plusieurs noms à la même institution, selon que
nous nous placerons à telle ou telle époque de l'histoire.

§ 1er. — *Sources de la Solidarité.*

38. — Primitivement, la solidarité procède de
deux ordres d'idées :

1° La solidarité existe entre tous les membres de
la même *gens*. C'est une conséquence de la copropriété *gentilice* qui se retrouve à l'origine de tous les
peuples indo-européens (2). La collectivité répond
de la dette de chacun de ses membres. L'obligation
individuelle n'apparaît qu'avec la propriété individuelle. La solidarité de la *gens* entraîne dans la famille romaine des devoirs d'assistance : paiement de
la rançon du *gentilis* captif (3), contribution aux dé-

(1) *Etude sur la solidarité. Nouvelle Revue historique,* année
1884, p. 237.
(2) Marcel Fournier, *Etude sur le cautionnement solidaire,* n° 5.
(3) Appien, Annibal, 28.

penses résultant de l'exercice d'une magistrature ou d'un sacerdoce publics (2), paiement des amendes infligées à un *gentilis* (3), obligation pour les *agnats* et les *gentiles* de se cautionner mutuellement.

2° La solidarité est un résultat immédiat, nécessaire, du mécanisme de la stipulation. A cette époque des contrats formels et *stricti juris*, où peut-être la stipulation était la seule forme de contracter (4) la solidarité ne pouvait qu'accompagner un acte formel, un contrat verbal (Gérardin, *loc. cit.*).

39. — Lorsqu'un peu plus tard, le résultat de la stipulation dépendait de la formule employée, il y avait une formule pour établir la solidarité. C'était la même que pour une *adpromissio* ou une novation : « *Mævi, centum dare spondes? Titi, centum dare spondes? — Spondemus.* » Pour qu'il y ait solidarité, il est nécessaire qu'il y ait un échange de paroles unique (5).

40. — Puis, en même temps que la copropriété familiale a disparu, cet excès de formalisme décroît avec le temps. Au troisième siècle de l'ère chrétienne, la stipulation disparue est remplacée par un écrit énonçant qu'il y a eu stipulation, sans réponse con-

---

(2) Denys, livre II, 18, livre X, 32, 38, 60.

(3) Dion, fr. XXIV, 6; — Tit. liv., V, 32.

(4) Voir *Nouvelle Revue hist.*, 1888. *Des stipulations de garantie,* par M. Girard, p. 591. — *Contra :* Labbé, Appendice 10 des *Institutes d'Ortolan*, III, pp. 883 et suiv.

(5) Demangeat, *Oblig. solid.*, pp. 100 et suiv.; — Gérardin, *loc. cit.;* — Petit, *Traité de Droit romain*, 2ᵉ édition, 1895, n° 306.

que en termes formels. Cette formule sacramentelle écrite est elle-même supprimée par les empereurs byzantins (1).

La solidarité dépend désormais de l'intention des parties, non de la formule spéciale de la stipulation, et elle peut résulter de deux contrats successifs. Les Instilutes de Justinien (III, 16 pr.) semblent encore exiger que les interrogations soient d'abord faites, puis suivies de toutes les réponses, mais il semble qu'il n'y ait là qu'un souvenir historique, et nous ne trouvons plus de traces de cette exigence au Code et au Digeste.

41. — A côté de la stipulation, contrat formel apte à constater un engagement quelconque, se sont introduits d'autres contrats d'une application plus restreinte : le contrat *per æs et libram* et le contrat *litteris*.

Le *nexum* ou *contrat per æs et libram* ne sert à rendre obligatoire que le *negotium* de prêt d'argent. On ignore s'il se prête à la solidarité.

Le *nomen transcriptitium*, qui suppose un écrit, donc une civilisation un peu plus avancée, n'a (2) qu'une seule fonction : renouveler une obligation déjà existante ; et, dans cette application, il pouvait s'y adjoindre une clause de solidarité (3).

(1) Constitution de 469. Empereur Léon.
(2) Gérardin, *loc. cit.* — *Contrà :* Accarias, *Précis,* n° 579.
(3) Ulpien, loi 9 pr. Dig., *De pactis,* II, 14; — *Adde :* loi 34 Dig., *De receptis,* XXXIV, 8.

42. — Lorsqu'eurent été introduites des manières de contracter autres que le contrat *verbis* et le
contrat *litteris*, les nécessités économiques récla-
maient qu'on pût y insérer la clause de solidarité.
La solidarité pourra accéder à un contrat réel, à
un contrat consensuel, à un des contrats innommés,
aux pactes prétoriens (1) et aux pactes légitimes.
Bien entendu elle pourra accéder à ces contrats sans
autres formes que celles qui sont nécessaires pour le
contrat lui-même (Gérardin, *loc. cit.*).

Nous croyons à la vérité de cette opinion du
savant professeur. Pour nous, la solidarité, en droit
romain comme en droit français, est une modalité
que les parties peuvent rattacher artificiellement à
toute obligation contractuelle, de droit strict ou de
bonne foi, ou que le testament peut établir (2-3).

(1) Loi 14 D., *De duobus reis*, XLV, 2.

(2) En ce sens Petit, *Traité de droit romain*, n° 316.

(3) La question est très controversée. — M. Demangeat (*Des obligations solidaires en droit romain*, pp. 154-185, note 1-339) a soutenu que la solidarité était présumée dans les contrats de bonne foi;
nous ne pouvons l'admettre. Si elle est avantageuse pour le créancier, la solidarité est trop dure pour les débiteurs. On ne saurait la
présumer. Les textes invoqués par Demangeat en faveur de son opinion parlent non de la solidarité, mais de l'obligation *in solidum.*

M. Demangeat a encore soutenu que la solidarité ne pouvait résulter que d'un contrat ou acte juridique donnant une action de droit
strict, une *condictio* (stipulation, mutuum, contrat *litteris*, etc.) et que
dans tous les autres cas d'action de bonne foi ou d'action *in factum*
il ne pouvait y avoir qu'une solidarité imparfaite, une obligation *in
solidum.*

Cette opinion est péremptoirement rejetée par la loi 9 D., *De
duobus reis*, où Papinien met sur la même ligne tous les contrats

43. — *Conclusion.* — Au début, le Droit romain
n'admet qu'une solidarité résultant nécessairement
du mécanisme de la stipulation ou du collectivisme
de la *yens*.

Plus tard, avec les progrès de l'équité et de l'analyse juridique, les sources de la solidarité se multi-
plient.

Dans le dernier état du droit, la solidarité résulte
du caractère d'unité conféré, par la volonté des parties ou du testateur, à une prestation qui naturellement serait divisée. Cette volonté peut être exprimée
dans l'acte générateur d'obligation (testament, contrat de droit strict ou de bonne foi). Elle peut aussi
être présumée et résulter d'une prescription du
droit positif (1).

§ 2. — *Effets de la Solidarité.*

44. — Les effets de la solidarité ont varié en
droit romain. Cela tient à ce que les Romains ne se
sont pas toujours fait la même idée de la solidarité.

de droit strict ou de bonne foi(Gérardin, *loc. cit.;* Petit, *loc. cit.*).Elle
est encore contredite par la loi I D., *De condictione furtivâ*, où
M. Demangeat est obligé de voir une interpolation.

(Voir sur cette question Gérardin, *loc. cit.*).

2° Nous négligeons à dessein la controverse sur la question de
savoir si la solidarité pourrait résulter du *mutuum*(renvoi à Gérardin,
loc. cit.).

(1) Girard, *Manuel élémentaire de Droit romain,* p. 716, et textes
cités.

— Dans le droit primitif, la solidarité est un résultat nécessaire du collectivisme familial et du mécanisme de la stipulation. Ce n'est qu'après la loi *Cornelia*, lorsque le crédit, trop vivement comprimé, cherche une voie nouvelle, que la pratique cherche à tirer parti des avantages de la solidarité et à en faire un moyen de crédit. De la création des *correi non socii* date une importante modification des effets de la solidarité.

45. — I. DROIT ANTÉRIEUR A LA LOI CORNELIA. — Les effets de la solidarité dérivent du mécanisme de la stipulation et des caractères de l'institution : unité d'objet, pluralité de liens.

A) *Unité d'objet.* — C'est un caractère qui se retrouvera à toutes les époques du droit romain, *una res vertitur* (1). Tous les débiteurs *correi* doivent la même chose. La formule de la stipulation empêche qu'il en soit autrement. Aussi, primitivement, exigeait-on une identité complète d'objet. L'un n'aurait pu stipuler qu'il ne serait tenu que de son dol, l'autre assumer la responsabilité de sa faute (2).

De ce caractère il résulte : 1° que chacun sera obligé au tout ; 2° que tous les modes d'extinction portant sur l'objet ont effet *erga omnes*. C'est ainsi que l'exécution par l'un des débiteurs *correi* éteint l'obligation vis-à-vis de tous. C'est là le minimum des effets

---

(1) Inst., *De duobus reis*, § 1.
(2) Papinien, Dig., *De duobus reis*, loi 15 pr.

de la solidarité. Nous rencontrerons dans toutes les législations les effets que le droit romain faisait dériver de l'unité d'objet.

B) Il y a pluralité de liens obligatoires superposés sur cet objet unique. Chaque débiteur est tenu par un lien distinct et comme s'il était seul. Aussi, la nullité de l'engagement de l'un des codébiteurs ne rend-elle pas nul l'engagement des autres. L'engagement de l'un peut être pur et simple, celui de l'autre, à terme ou conditionnel.

c) Enfin, la solidarité étant un résultat mécanique de la stipulation, contrat formel et *stricti juris*, les effets de la solidarité sont limités par la formule. Il ne faut admettre rien autre chose que ce qui résulte directement de la stipulation. Donc, si un des codébiteurs solidaires a payé, il n'aura aucun recours contre les autres, car la formule ne s'en occupe pas.

46. — II. Droit postérieur a la loi Cornelia. — La solidarité est devenue un moyen de crédit. Elle n'était qu'un *résultat mécanique*, elle est maintenant « *fonctionnelle* » (Raoul de la Grasserie). La fidéjussion ne suffisant pas aux besoins du crédit, étranglée qu'elle est par la loi *Cornelia*, la pratique romaine a introduit l'engagement solidaire de personnes non intéressées à la dette. Il y a désormais une solidarité sans *societas* et il faut distinguer deux situations, tout au moins en ce qui concerne les recours.

47. — 1° *Correi non socii.*— Si nous supposons des
codébiteurs solidaires non intéressés, sans doute
chaque débiteur continue à être tenu dans ses rapports avec le créancier comme s'il était seul. Le
créancier a le droit de choisir celui qui lui paraît le
plus solvable, et de lui réclamer la totalité de la
dette. Or, comme il n'y a qu'une chose due, si le débiteur paie, la dette n'a plus d'objet, et tous sont libérés. De même, à défaut de paiement amiable, le
créancier est libre d'agir en justice pour le tout
contre le débiteur qu'il lui plaira. L'objet de sa
créance étant unique, il déduit ainsi tout son droit
en justice, et ne peut plus agir contre un autre des
débiteurs solidaires : *Bis de eadem re non est actio* (1).

D'une manière générale, nous pouvons dire que
toute cause servant à éteindre l'obligation produit
un effet absolu pour tous les débiteurs, si elle porte
sur l'objet de la dette, qui est unique (paiement).
Au contraire, elle ne produit qu'un effet relatif et
spécial, si elle n'intéresse que la personne d'un débiteur, car il y pluralité de liens, et dans ce cas un
seul lien est atteint. Ainsi quand l'un des codébiteurs est *capite minutus,* les autres n'en restent pas
moins civilement obligés.

(1) Dernburg, *Pandekten*, tome II, § 72, cité par Girard. — Gérardin, *loc. cit.*

Encore aujourd'hui, le Code civil autrichien (art. 891) veut qu'en
pareil cas le créancier, avant d'intenter une deuxième demande, se
désiste de la première (Gérardin, *loc. cit.*).

Tous ces résultats sont logiques, et résultent du mécanisme de la stipulation. Ils se produisaient déjà, par conséquent, dès avant la loi *Cornelia*.

4 8. — Mais la situation des *correi non socii*, dans leurs rapports réciproques, est toute différente de celle des débiteurs solidaires avant la loi *Cornelia*. Ceux-ci, quand ils avaient payé, n'avaient aucun recours contre leurs codébiteurs. La formule de la stipulation ne le permettait pas. Aucun lien n'avait été créé entre eux par la stipulation. Ils n'étaient liés qu'avec le créancier. D'ailleurs, celui qui a payé a payé sa dette.

Le codébiteur solidaire non intéressé aura désormais un recours contre celui dont il aura payé la dette. Généralement il sera intervenu parce qu'il en aura reçu mandat; et alors ce recours sera sanctionné par l'action *mandati contraria* (1). D'autres fois, il n'y aura pas eu de mandat, et peut-être aura-t-il l'action *negotiorum gestorum contraria* pour se faire indemniser des conséquences de son intervention (2). Nous devons ajouter que cette opinion n'est guère suivie en droit romain. Le débiteur n'a payé que ce qu'il devait personnellement, dit-on dans l'opinion contraire; donc pas de gestion d'af-

---

(1) L. 17, § 2 D., *Ad Senatusconsultum Velleianum*, XVI, 1 ; — 7, § 8 D., *De Sen. Maced.*, XIV, 6.

(2) *Sic :* Vinnius sur le § 1ᵉʳ Inst., *De duobus reis*, livre III, tit. 16.

faires. — La dette est devenue sa dette par le choix du créancier. Il ne peut donc prétendre que les autres se sont enrichis par son fait. C'est le fait du créancier qui les a enrichis. Et on invoque encore la loi 62 Dig., *Ad legem Falcidiam*, qui suppose qu'aucun recours n'est possible.

Peut-être la vérité est-elle celle-ci : primitivement il n'y avait aucun recours. Plus tard, par suite des progrès de l'équité, et par assimilation à ce qui se passait au cas des obligations *in solidum*, la pratique aurait admis un recours fondé sur la gestion d'affaires ou sur l'enrichissement.

Cette situation est d'ailleurs évidemment très peu pratique (1).

49. — La création du bénéfice de cession d'actions, même en supposant que le *correus non socius* n'eût pas d'action quand il n'avait pas reçu mandat de s'engager, vint très probablement lui donner un recours contre ses codébiteurs. Il put opposer au créancier qui le poursuivait l'exception de dol, pour se faire céder ses actions.

La question est controversée. Accarias (tome II, p. 161) refuse ici le bénéfice de cession d'actions. Mais nous croyons, avec M. Girard, que le codébiteur solidaire avait ce bénéfice à une époque où, au moins si le *negotium* était *bonæ fidei*, régnait l'équité.

____

(1) Petit, *loc. cit.*, n° 310.

C'eût été un dol de la part du créancier de refuser une cession qui ne lui causait aucun tort, et d'ailleurs, au moins au temps de Dioclétien, le bénéfice de cession d'actions est accordé sans distinction (1).

Le débiteur, qui a payé et s'est fait céder les actions du créancier, a désormais un recours énergique. Il peut faire valoir les sûretés qui appartenaient au créancier. De plus, il n'a pas à prouver de mandat pour se faire indemniser. C'est aux autres codébiteurs, une fois la cession d'action prouvée, à établir que la dette devait rester à la charge de celui qui avait payé.

50. — 2° *Correi socii*. — Il s'est fait une évolution analogue dans la situation des codébiteurs solidaires tous intéressés. Dans le cas où il existe entre eux une société, celui qui a payé aura évidemment contre les autres un recours sanctionné par l'action *pro socio*. Il n'aura qu'à prouver la société pour pouvoir intenter cette action. Si la dette a été contractée à propos de choses indivises entre les codébiteurs solidaires, celui qui a payé aura contre les autres l'action *communi dividundo* ou l'action *familiæ erciscundæ*. Ces recours réagissent sur le droit du créancier lui-même. Les *correi socii* peuvent opposer par-

(1) Loi 2 C., *De duobus reis*, 8,40. Cf. 62 Pr. D., *Ad. leg. Falcidiam*, 35-2; — Dernburg, sous la loi 11 pr. D., *De duobus reis*; — L. 47 D., *Locati*, 19.2; — L. 13 C., *Locati*, 4, 65; — Cf. aussi Petit, n° 300.

tiellement au créancier le compromis, le pacte de *non petendo*, la compensation, la confusion intervenus *in rem* entre le créancier et l'un d'eux. Autrement, comme leur codébiteur ne doit plus rien, ils ne pourraient avoir de recours contre lui pour sa part (Gérardin, *loc. cit.*).

Enfin le codébiteur solidaire qui a payé a certainement le bénéfice de cession d'actions (1).

51. — Comment avait lieu ce recours du *solvens* après la cession des actions? Probablement contre chacun pour sa part (Petit, n° 310, et les textes cités).

52. — Nous devons signaler, dans le même ordre d'idées, l'affaiblissement progressif, puis la disparition en 531 de l'effet extinctif de la *litis contestatio* (2). Cet effet, qui se rattachait sans doute à toute une série de dispositions du droit romain ayant pour but d'éviter les procès, sources de haines dans les sociétés primitives, se comprenait beaucoup moins au Bas-Empire. Il était devenu une gêne pour le crédit. Le créancier, très exposé, était plus exigeant dans le choix des codébiteurs solidaires; il refusait de prêter s'ils ne lui paraissaient pas tous solvables, et se montrait particulièrement rigoureux à l'échéance.

La pratique avait réagi par divers moyens: man-

____

(1) Loi 47 D., *Locati*, livre XIX, titre 2 ; — Loi 13 Code, *Locati*, livre IV, titre 65.

(2) Loi 28 C., *De fidejussoribus*.

dat de poursuivre les codébiteurs, donné au créancier, par le débiteur interpellé ; pacte de constitut,
*fidejussio indemnitatis, mandatum credendæ pecu-
niæ.* La concurrence de ces moyens de crédit eût fini
par tuer la solidarité, si Justinien n'était pas intervenu.

Et d'ailleurs, certains de ces nouveaux modes de
garantie pouvaient très bien se concilier avec la solidarité. La *fidejussio indemnitatis* peut se greffer sur
la solidarité. Ce sera une *fidejussio alterna des correi*
un peu différente de l'autre, voilà tout. Mais aucun
principe d'ordre public ne s'oppose à cette combinaison. Aucun doute non plus pour le mandat.

La pratique avait même imaginé, au Bas-Empire,
un expédient encore plus complet : une convention
concomitante au contrat pouvait donner au créancier le droit d'agir successivement contre tous. Cette
convention, sans doute née du besoin de tenir tête
aux autres modes de sûretés, était probablement devenue de style, et Justinien n'eut qu'à mettre la loi
d'accord avec la pratique (1).

53. — Il semble donc que notre thèse ne soit
pas justifiée. Nous prétendions que les effets de la
solidarité devaient être moins rigoureux au Bas-Empire, puisque les cas de solidarité y étaient plus nombreux. Et voilà que la *Constitution* 28 C., *De fide-*

______

(1) Loi 28 Code, *De fidejussoribus*, de 531.

jussoribus, donne au créancier un droit qu'il n'avait pas jusqu'ici. Nous serions-nous mépris?

Nous ne le pensons pas. L'effet extinctif de la *litis contestatio* en matière de solidarité avait été un cas particulier tenant au système général romain, tendant à éviter les procès. Il n'était nullement spécial à la solidarité, et sa disparition ne saurait être un argument décisif contre notre thèse. Et d'ailleurs, même en admettant cet argument, nous aurions à rechercher si l'adoucissement considérable des voies d'exécution ne constitue pas en faveur des débiteurs un avantage qui compense largement la répétition des poursuites. Enfin, il ne faut pas oublier que nous prétendons établir une corrélation entre les divers modes de garantie (voir n° 23). La solidarité disparaîtrait si elle était une sûreté moins complète que les sûretés personnelles, la *fidejussio indemnitatis* ou le *mandatum credendæ pecuniæ*, ou que l'hypothèque.

54. — Cette amélioration dans la condition des débiteurs solidaires, qui cadrerait si bien avec notre thèse, n'aurait-elle pas résulté de la Novelle 99, qui aurait accordé aux codébiteurs solidaires les bénéfices de discussion et de division?

Cette opinion a été soutenue par beaucoup de nos anciens auteurs. La désuétude progressive du formalisme, en faisant disparaître le critérium de distinction visible entre le cautionnement et la solidarité, en aurait préparé la fusion ; elle aurait été accomplie par Justinien.

Nous ne pouvons l'admettre. Il n'est pas besoin de formules différentes pour distinguer deux institutions que plusieurs siècles ont séparées. L'analyse élémentaire suffit. La vérité, c'est que la Novelle 99 vise uniquement la *fidejussio alterna* des débiteurs solidaires. La rubrique « *De reis qui mutua fidejussione tenentur* » le prouve jusqu'à l'évidence (1).

Dans cette mesure, on peut dire que les effets de la solidarité sont atténués au Bas-Empire. Les *fidejussores alterni correi* auront, pour ce qui excède leur part personnelle, les avantages des bénéfices de discussion et de division.

La *fidejussio alterna*, d'autre part, présentant pour le créancier l'avantage que nous avons signalé (voir n° 35) au point de vue de la demeure, sera assez fréquemment employée.

55. — *Conclusion.* — Les effets de la solidarité en droit romain, d'abord très rigoureux, ont pris, peu à peu, un caractère plus équitable.

L'apparition d'une nouvelle application de la solidarité, qui devient, vers le vii° siècle de Rome, un moyen de crédit, entraîne une amélioration de la condition des codébiteurs solidaires. Le débiteur qui paye obtient d'abord un recours contre ses co-

____

(1) Accarias, tome II, p. 307.

débiteurs, puis le bénéfice de cession d'actions.

La constitution de 531, en supprimant l'effet extinctif de la *litis contestatio*, ne vient nullement empirer la condition des débiteurs ; elle tend au contraire à leur procurer plus de crédit, et si chacun d'eux est plus exposé aux poursuites du créancier, elles sont devenues moins rigoureuses.

Le droit de Justinien nous semble avoir heureusement réalisé la conciliation désirable entre les intérêts du créancier et ceux du débiteur. La solidarité y est un bon moyen de crédit.

SECTION II

DE L'OBLIGATION « IN SOLIDUM » OU SOLIDARITÉ IMPARFAITE

56. — A côté des obligations solidaires ou corréales sont nées en droit romain des obligations *in solidum*, issues de la faute commune ou du délit commun des codébiteurs. Le caractère *in solidum* provient sans doute ici de l'impossibilité de déterminer la part de chacun dans le dommage.

Le cadre de cette étude ne nous permet pas d'examiner les diverses opinions qui se sont produites sur l'obligation *in solidum* et sur les cas où il y avait *obligatio in solidum*. Nous nous contenterons de dire qu'à notre avis elle pouvait se rencontrer tout aussi bien dans un contrat ou dans un quasi-contrat, que

dans un délit ou un quasi-délit, et d'en résumer
brièvement les caractères.

Tandis que, dans l'obligation solidaire, nous avons
rencontré pluralité de liens sur un même objet, ici,
le seul point de contact entre les diverses obligations, c'est qu'il y a unité d'exécution. Chaque débiteur peut être poursuivi pour le tout, et le paiement fait par l'un libère les autres. Nous ne trouvons plus l'effet extinctif de la *litis contestatio*, car
ici chaque obligation a une cause distincte : la faute
du débiteur ; — et il y a par suite autant d'actions
que d'obligations. Le débiteur qui a payé n'a pas de
recours contre les autres, si la poursuite est fondée
sur sa faute personnelle. Si le dol ne lui est pas personnel, le débiteur exercera un recours par l'action
pro socio, ou par l'action du créancier. Les débiteurs
in solidum jouissent du bénéfice de cession d'actions
(Girard, p. 725, note 5), peut-être même du bénéfice
de division (*Ibidem*, Petit, n° 317).

CONCLUSION GÉNÉRALE DE L'ÉTUDE ROMAINE

57. — La solidarité, en droit romain, a commencé par être mécanique avant de devenir fonctionnelle. Puis, à partir du septième siècle de Rome,
elle est un moyen de crédit. Elle devient alors de

plus en plus fréquente, en même temps que ses effets sont moins onéreux pour les débiteurs solidaires, et que naît une obligation *in solidum* à effets plus limités. L'époque de Justinien marque une heureuse conciliation entre les intérêts opposés du créancier et des débiteurs solidaires.

58. — Parmi les effets de la solidarité romaine, nous avons vu que lorsque le créancier avait fait *litis contestatio* avec un des débiteurs solidaires, les autres codébiteurs se trouvaient libérés, au moins jusqu'à l'époque de Justinien.

Nous nous proposons de rechercher la cause de cette libération. Nous l'avons cru trouver dans l'unité d'objet et dans la règle *bis de eadem re non est actio*. Mais voilà qu'un auteur allemand, Brinz (*Pandekten*, § 253, notes 34 et suiv.) prétend faire de cet effet de la *litis contestatio* la conséquence d'un mandat entre les codébiteurs solidaires. Comment expliquer, dit cet auteur, l'effet extinctif de la *litis contestatio*, de même que l'effet *erga omnes* de l'interruption de prescription contre l'un des débiteurs solidaires (1)? On ne peut les comprendre que s'il y a représentation mutuelle des créanciers.

Invoquer l'unité d'objet, c'est oublier, ajoute cet auteur, que la *litis contestatio* ou l'acte interruptif de prescription sont des actes essentiellement rela-

(1) Loi 5 C., *De duobus reis*, VIII, 40.

tifs, c'est méconnaître la règle : *res inter alios acta vel judicata, aliis neque nocet, neque prodest.*

Cette opinion ne trouve aucune confirmation dans les textes, et elle nous conduirait à admettre le créancier, qui a obtenu une condamnation contre l'un des débiteurs solidaires, à exercer l'action *judicati* contre les autres. Or, quelque désirable que fût ce résultat en droit romain classique, rien ne nous autorise à l'admettre (1).

Nous n'admettons donc pas en droit romain l'idée de mandat. Cette conception n'apparaîtra que dans nos législations modernes.

(1) Gérardin, *Étude sur la Solidarité. Nouvelle Revue historique*, 1884, p. 263.

CHAPITRE DEUXIÈME

Ancien Droit Français.

59. — Si nous ouvrons les œuvres de Pothier (1), nous y verrons la solidarité entre codébiteurs, qu'il appelle *solidité*, organisée à peu près de la même façon que dans celles de Justinien. Or, les solutions données par Pothier sont encore celles du Code civil de 1804. Il semblerait donc, à première vue, que l'œuvre de Justinien ait été définitive.

Et cependant, Pothier consacre le résultat de plus de dix siècles d'efforts. L'ancien droit français a suivi une évolution correspondante à celle du droit romain.

60. — Dans le droit français primitif, à l'époque franque, et même sous la féodalité, nous verrons, comme autrefois à Rome, la solidarité confondue avec le cautionnement. Et cette confusion tient précisément aux mêmes causes qu'à Rome : collectivisme de la famille et formalisme juridique.

La famille germanique, la *ménie*, est réunie sous le *mundium* d'un chef. Pas de propriété privée. Les

(1) *Obligations*, n°s 261 à 282.

champs sont occupés en commun, et chaque année, on procède dans la *Mark* à un lotissement (1). Chacun des membres possède seulement à titre de propriétaire la maison et l'enclos qui l'entoure.

Comment organiser le crédit dans ces conditions? Quel créancier voudrait prêter sur une aussi faible garantie? Aussi Tacite (2) nous apprend qu'à la suite d'un meurtre les parents de la victime doivent réclamer satisfaction, de même que la famille du meurtrier acquitte le *wergeld*. L'accusé a le droit d'appeler ses proches à son aide, et leur serment le libère à défaut de preuve (3).

Peu à peu, l'individu se dégage du groupe et nous ne retrouvons plus au xiiiᵉ siècle qu'un vestige de cette copropriété primitive dans les communautés taisibles (4).

61. — Cette analogie avec le droit romain primitif n'est d'ailleurs pas la seule. De même qu'à Rome la stipulation était un contrat formaliste et *stricti juris*, de même la *fides facta* germanique exigeait un formalisme rigoureux. La *festuca* ou le *wadium* présentent une analogie frappante avec la *stipula* du droit romain primitif. « Étrange destinée de la sti-

---

(1) Tacite, *De moribus Germanorum*, § 26. « *Arva per annos mutant et superest ager.* »

(2) § 24, *De moribus Germanorum* (cité par Gautier, *Histoire du Droit*, p. 43).

(3) Loi Salique, titre *De Chrenecruda* LVIII.

(4) Viollet, *Histoire du Droit*, pp. 641, 642, 643, édition de 1886.

« pulation. On dirait d'un vieillard courbé sous le
« poids des ans et revenu (parmi les petits qui se
« pressent à ses pieds) aux années lointaines de son
« enfance (1). »

Rien dans la formule de la *fides facta* ne révèle le
caractère accessoire du cautionnement. L'engagement de la caution est un engagement unilatéral, qui
ne saurait être distingué de celui du codébiteur solidaire. — Mieux que cela, la caution est généralement poursuivie la première (2).

Mais ce formalisme devait décroître assez rapide-
ment. L'Église commence par admettre la validité
des conventions, même sans formes, quand elles sont
accompagnées d'un serment. Puis, à partir du
XIIIe siècle, elle rend obligatoires un grand nombre
de *pacta nuda*; et au XVe siècle cette conception
passe de l'enseignement canonique dans le droit
civil (3). La caution obtient alors les bénéfices de
division et de discussion (4).

62. — Si nous nous en tenions à ces considérations générales, il faudrait en conclure que l'influence du droit romain sur le développement de
notre ancien droit a été nulle. Ce serait inexact.

La vérité, c'est qu'il faut distinguer, ici, comme

(1) Viollet, *loc. cit.*, pp. 508.
(2) M. Fournier, *loc. cit.*, n° 9.
(3) Viollet, p. 510.
(4) Cout. d'Anjou. Edition Beautemps-Beaupré, I, 318. Cf.
M. Fournier, n° 10.

à propos de toutes les matières de l'ancien Droit français, entre les pays du Nord et ceux du Midi.

Dans les pays du Nord, les observations que nous venons de faire sur la solidarité primitive ne comportent aucune restriction.

63. — Mais au Midi, lorsqu'intervint la séparation entre les deux empires d'Orient et d'Occident, le droit romain était en vigueur. Au moment des invasions, les Barbares laissèrent aux Gallo-Romains leurs lois propres (régime de la *personnalité des lois*).

Le droit romain fut résumé dans deux recueils principaux, le *Bréviaire d'Alaric* chez les Wisigoths, le *Papien* chez les Burgondes.

Les Gallo-Romains de ces régions qui s'étaient engagés en qualité de cautions jouissaient du bénéfice de division, établi par le rescrit d'Hadrien ; mais ils n'avaient pas le bénéfice de discussion, œuvre de Justinien. Ce bénéfice ne fut introduit qu'au moment de la Renaissance des études de droit romain.

Le cautionnement des pays du Midi n'était donc pas entièrement confondu avec la solidarité.

Cependant l'influence du commerce vint se faire sentir vers le xᵉ siècle, surtout au Midi, siège d'un commerce très actif, et le cautionnement s'y confondit à nouveau avec la solidarité (1).

(1) Coutume de Montpellier de 1205 (art. 73 et 74); coutume de Toulouse, art. 76.

64. — Mais cette aggravation exagérée de la condition des fidéjusseurs avait limité le crédit. Les personnes prudentes ne voulaient plus assumer les obligations trop lourdes des cautions. Aussi, dès que le droit romain de Justinien fut connu, le bénéfice de discussion pénétra successivement à Arles (1), à Salon (2), à Aix (3). En même temps, le bénéfice de division reprend une vigueur nouvelle, et au xvi⁰ siècle la confusion du cautionnement et de la solidarité n'existe plus au Midi qu'en ce qui concerne les fidéjusseurs commerciaux (4).

65. — Le droit est désormais fixé. Nous en trouvons l'expression définitive dans les écrits de Pothier. Nous sommes arrivés à une organisation de la solidarité identique à celle de Justinien. Il nous faut remarquer cependant que les anciens auteurs ne distinguaient pas entre la solidarité et l'obligation *in solidum*.

Pour eux, la solidarité, modalité de certaines obligations, est une dans ses effets (5).

Sans doute, Dumoulin (voir n° 67) avait tenté de faire de la solidarité résultant d'un testament une solidarité imparfaite. D'autre part, Doneau et Cu-

(1) Statuts de 1162-1202.
(2) Coutume de 1203.
(3) Voir Ch. Giraud, *Histoire du Droit français au moyen âge*, tome II, pp. 20, 23, 189, 299.
(4) Julien, *Eléments de Jurisprudence*, p. 367.
(5) Glose, ad. Leg. 9 D., *De duobus reis*.

jas (1) avaient distingué la fonction délictuelle de la solidarité, que nous appelons obligation *in solidum* ; de la fonction contractuelle, à laquelle nous donnons le nom de solidarité.

Mais ces opinions restèrent isolées. Cujas lui-même (2) se contente de nous dire : « *duo rei debendi sunt, qui parem obligationem susceperunt singuli... et Papinianus proposuit duos reos debendi constitui non tantum stipulatione, sed et alio quolibet contractu, deposito.....* »

Pothier (3) fait de la solidarité résultant des délits un cas de solidarité légale. Mais on chercherait vainement dans ses écrits une distinction quelconque entre les deux espèces de solidarité au point de vue des effets.

SECTION PREMIÈRE

SOURCES DE LA SOLIDARITÉ DANS L'ANCIEN DROIT

FRANÇAIS

66. — Depuis la Novelle 99, la solidarité ne se présume pas (4).

D'après Dumoulin (5), elle peut résulter de cinq

---

(1) Voir à ce sujet Gérardin, *Nouvelle Revue historique*, 1886, p. 396.

(2) Sur la Loi 9 D., *De duobus reis* (lib. 27, quæst. *Papiniani*, IV, p. 681).

(3) *Obligations*, n° 268.

(4) Louis Legrand, *Cout. de Troyes*, tome I, p. 280.

(5) *De Dividuo et Individuo*, pars II, n° 224.

causes : « *Ceterum quod plures teneantur singuli in solidum, procedere potest ex multis causis* » :

1° *Ex natura rei et obligationis individuæ*. — C'est le cas de l'indivisibilité. Ce cas est désigné par certains auteurs sous le nom de « solidarité résultant de la nature de la chose » (1);

2° *Ex pacto tacito, vel expresso, ut cum sunt plures rei debendi*. Cette convention fut d'abord soumise au caractère formaliste du droit primitif. Puis, la notion s'élargit, quand furent admis les contrats de bonne foi, à partir du xIII° siècle. Et c'est ainsi que Dumoulin put admettre même une solidarité résultant d'une manifestation de volonté sans forme, *ex pacto tacito*;

3° *Ex testamento* (2);

4° *Ex sententia vel dispositionibus hominis*;

5° *Ex Dispositione legis, velut in condictione furtiva*.

Pothier (3), plus méthodique, ne distingue plus qu'une solidarité *conventionnelle* et une solidarité *légale*.

67. — Ces cas de solidarité *légale* deviennent assez nombreux. C'est ainsi qu'elle a lieu entre cotuteurs (4), entre administrateurs publics, entre

----

(1) Ch. Routier, *Cout. de Normandie*, ch. III, § 13.
(2) Loi 8, § 1 Dig., *De legatis*, 1°.
(3) *Obligations*, n°ˢ 265 à 269.
(4) *Cotuteurs*; — Pothier, *Obligations*, n° 267.

associés commerciaux (1) ; entre commerçants qui s'engagent pour le fait de leur commerce (2) ; entre membres d'une communauté taisible.

Il y avait encore solidarité légale entre condamnés pour un même délit (3) ; entre condamnés pour un même fait de fraude aux droits du roi (4).

Enfin (5) il y a solidarité légale entre co-adjudicataires de biens vendus en justice ; entre les huissiers priseurs qui procèdent à la vente des meubles, etc.

Bien que le cadre de cette étude nous interdise toute discussion, il nous faut observer qu'une controverse divisait nos anciens auteurs sur le caractère de la solidarité résultant d'un testament. Dumoulin n'admettait en ce cas qu'une obligation *in solidum* (6) « *nec unus principalium ex facto alterius tenebitur, nec agnitio aut interruptio unius etiam heredem alteri nocebit, vel proderit* ». Domat, au contraires, ne faisait aucune distinction (7) et c'est l'opinion de Domat qui a triomphé. La solidarité peut donc résulter d'un legs (8).

---

(1) Pothier, *ibid.*, n° 266. Ordonnance du com. de mars 1673, tit. IV, art. 7.

(2) Pothier, *ibid.*

(3) Arrêt du 21 mars 1712. *Journal des audiences*, t. VI, liv. II, ch. III ; Pothier, n° 268.

(4) Art. 3o de l'ordonnance des fermes de juillet 1681.

(5) Denizart, Collection de décisions nouvelles de jurisprudence, v° *Solidité*.

(6) *Loc. cit., pars* III, n° 151.

(7) *Lois civiles*, liv. III, titre III, section 1, art. 1 et 4.

(8) Pothier, *Obligations,* n° 269.

68. — *Conclusion.* — Nos anciens auteurs ont d'abord confondu la solidarité avec l'indivisibilité. Puis ils les ont distinguées ; mais, malgré une opinion isolée de Dumoulin, ils n'ont jamais distingué la solidarité de l'obligation *in solidum*.

SECTION II

EFFETS DE LA SOLIDARITÉ DANS NOTRE ANCIEN DROIT FRANÇAIS

69. — Étant donné que l'ancien droit ne distingue pas entre la solidarité et l'obligation *in solidum*, on peut dire, d'une manière générale, que les effets communs en droit romain à la solidarité et à l'obligation *in solidum* subsistent. C'est ainsi que chacun peut être actionné pour le tout (1) et que le paiement fait par l'un libère les autres envers le créancier (2).

70. — Non seulement le paiement réel, mais toute autre espèce de paiement doit avoir cet effet, nous dit Pothier : par exemple, la compensation opposée par le débiteur poursuivi libère tous les autres.

Mais les codébiteurs de celui qui a une cause

(1) Pothier, *Obligations*, n° 289.
(2) Pothier, *Obligations*, n° 274.

de compensation peuvent-ils l'opposer de son chef
et pour sa part ? Ici, controverse entre nos anciens
auteurs. Domat maintient l'affirmative (1) en se fondant sur ce que le débiteur qui a une cause de compensation ne devant plus rien, son codébiteur ne
peut pas être forcé de payer pour lui. Mais Pothier (2) est d'un avis opposé. Car, dit-il, chaque
codébiteur doit le tout, et ce n'est qu'entre eux
qu'on peut opérer la division ; et, de plus, Papinien (3) décide pour la négative. Cependant Pothier
conseille de suivre en pratique l'opinion de Domat,
qui, prétend-il, évite un circuit d'actions.

Cette explication de Pothier ne tient aucun compte
de la règle *nemo censetur subrogasse contrase*, qui
existait déjà dans notre ancien droit. La vérité, c'est
que l'opinion de Domat est plus équitable ; elle évite
sinon un circuit d'actions, au moins une série de recours.

71. — Pothier (4) refuse de même aux débiteurs
solidaires le droit d'invoquer la remise de la dette
faite par le créancier à un de leurs codébiteurs, sauf
pour la part que le débiteur libéré devait supporter
définitivement dans la dette. Enfin (5), en cas de con-

----

(1) *Lois civiles de la France*, partie I, livre III, titre III, section Iʳᵉ, art. 8.

(2) *Obligations*, nᵒ 274.

(3) Loi 10 Dig., *De duobus reis*.

(4) *Obligations*, nᵒ 275.

(5) *Obligations*, nᵒ 276.

fusion, le débiteur devenu l'unique héritier du créancier, ou le créancier devenu l'unique héritier du débiteur, peut poursuivre les autres pour le tout, sauf déduction de sa part dans la dette. Toutes ces solutions sont admises sans discussion.

72. — Il y a au contraire des difficultés dans l'ancien droit, en ce qui concerne l'effet de la faute et de la demeure de l'un des codébiteurs solidaires, et aussi l'effet de l'interruption de prescription contre l'un des codébiteurs.

Supposons d'abord que, dans une dette de corps certain, la chose due périt par la faute ou pendant la demeure de l'un des codébiteurs solidaires. Les autres codébiteurs seront-ils responsables de cette perte ?

C'est ici que s'élève une des plus graves controverses de toute la solidarité. Nos anciens auteurs, voulant suivre le droit romain, ont élaboré sur ce point une théorie recueillie et développée par un grand nombre des législations actuelles (toutes les législations latines).

La difficulté consistait à concilier deux textes en apparence opposés du Digeste, la loi 18 *De duobus reis* et la loi 32 § 4 *De usuris*.

Pour la mise en demeure, décision nette des jurisconsultes romains : « *Si duo rei promittendi sint, alterius mora alteri non nocet* » (Marcien, loi 32 § 4 Dig., *De usuris*).

Pas de conséquence de la mise en demeure entre les codébiteurs. (Dans le doute, les obligations doivent s'interpréter contre le créancier.)

Mais la loi 18 *De duobus reis,* œuvre de Pomponius, nous dit que « *ex duobus reis ejusdem Stichi promittendi factis, alterius factum alteri quoque nocet* ».

La perte de la chose par le fait de l'un des débiteurs solidaires nuit à ses codébiteurs. Elle les rend passibles de dommages-intérêts.

73. — Comment faut-il entendre ce *factum* dont parle la loi 18? Faut-il décider avec Windscheid (1) que le *factum alterius* dont parle Pomponius, c'est la renonciation par l'un de ses débiteurs solidaires au *pactum de non petendo* conclu avec le créancier (2), et enlevant aux codébiteurs le bénéfice du premier pacte? Faut-il admettre avec Fitting (3) qu'on doit lire la fin de la loi 18 *alteri* non *nocet?* Faut-il enfin distinguer (4) la faute *in committendo,* et la faute *in omittendo,* et distinguer d'autre part entre l'obligation solidaire et l'obligation *in solidum?* La loi 18 ne s'appliquerait qu'à l'obligation solidaire et à la faute *in faciendo.* Le *factum,* ce serait un acte du débiteur rendant impossible l'exécution de l'obligation. L'autre débiteur se trouverait garant de cette exécution.

(1) *Pandekten,* § 295, note 13.
(2) Paul, loi 27 § 2 Dig., *De pactis.*
(3) *Correal obligation,* pp. 81 et 241.
(4) M. de la Ménardière, à son cours de Droit civil (chap. Des obligations multiples, 1898).

Nous admettrions volontiers cette dernière opinion (1); la différence entre la faute et la demeure s'expliquerait, selon nous, parce que le créancier a plus d'intérêt à être garanti, par l'engagement de tous, contre la faute de l'un des codébiteurs, que contre la mise en demeure. La faute, il ne pouvait l'éviter, quelles que fussent ses diligences. Il n'en était pas de même de la perte après la mise en demeure.

74. — Mais toutes ces explications modernes sont ignorées de nos anciens auteurs. Sans doute, Cujas les entrevoit, et distingue la faute de la demeure. Mais Dumoulin, esprit impérieux, trouve les textes contradictoires. Pour lui, la faute ou la demeure, c'est la même chose; et, partant de cette idée, il se dégage des textes, et veut donner un ensemble de solutions systématiques.

La faute ou la demeure de l'un des codébiteurs nuiront aux autres, qui ne sont pas en demeure ni en faute. La loi 18 devient le principe général. Le débiteur n'est-il pas en faute par cela même qu'il est en retard de payer? Si la chose périt par la faute ou pendant la demeure de l'un, les autres continueront à être tenus de sa valeur. Dans cette mesure, la faute ou la demeure leur auront nui, car, en règle générale, la perte de la chose les libérerait. L'obligation subsistera, elle sera perpétuée.

(1) *Sic:* Gérardin, *Etude sur la solidarité. Nouvelle Revue historique*, 1884, pp. 237 et suivantes.

Mais la loi 32 *De usuris* dit que *alterius mora alteri non nocet*. C'est très simple, répond Dumoulin : — La loi 32. *De usuris* se place au point de vue des dommages-intérêts. Si la faute ou la demeure de l'un ne peuvent profiter aux autres et les libérer, elles ne doivent pas non plus leur nuire et aggraver leurs charges. La faute ou la demeure de l'un des débiteurs solidaires nuiront aux autres *ad conservandam et perpetuandam obligationem, non ad augendam*. Les débiteurs continueront à être tenus de la dette solidaire en principal, mais, quant aux accessoires, dommages-intérêts, intérêts moratoires, etc. ; — ils ne les devront pas. Les accessoires seront dus par le seul débiteur en faute ou en demeure.

Toutes ces solutions sont recueillies par Pothier (1) et passent dans le Code civil.

75. — Avant de quitter cette question, nous devons faire une observation.

Une doctrine récente (2) prétend que Dumoulin et Pothier ont admis entre codébiteurs solidaires un mandat *ad conservandam et perpetuandam obligationem non ad augendam*. De cette idée de mandat, admise par la jurisprudence (3), on a tiré des consé-

---

(1) *Obligations*, n° 273.

(2) Baudry-Lacantinerie, 4ᵉ édition, tome II, p. 654. Fuzier Herman, sous l'art. 1200 du Code civil.

(3) Cass., 16 déc. 1891, S. 93. 1,81, — Cf. Cass., 27 nov. 1893. S. 94, 1. 233.

quences rigoureuses pour les débiteurs, et que nous aurons à critiquer.

Nous venons de constater qu'il n'est pas question du principe général d'un mandat dans Pothier, et nous sommes heureux d'apprendre que M. Tissier (1) n'a pas trouvé non plus de traces de ce prétendu mandat dans Denizart, Ferrières et Guyot.

76. — Autre difficulté dans l'ancien droit pour déterminer l'effet de l'interruption de prescription résultant de l'interpellation faite à un des débiteurs solidaires ou de sa reconnaissance. Cette interruption aura-t-elle effet à l'égard de tous ?

Dumoulin, qui distinguait deux espèces de solidarité, n'admettait l'effet interruptif *erga omnes* qu'au cas de solidarité parfaite (2). Mais nous savons que la doctrine de Dumoulin n'avait pas triomphé. Aussi Domat (*Lois civiles de la France*, livre III, titre III, section 1ʳᵉ, art. 9) et Pothier (*Obligations*, nº 72) ne font aucune distinction.

Notons encore ici que Pothier ne fait pas de cet effet interruptif la conséquence d'un mandat. Il dit simplement que, chacun des débiteurs devant le total, le créancier l'a interpellé pour toute la dette.

77. — Supposons maintenant que le créancier, poursuivant l'un des codébiteurs solidaires, demande

(1) Note sous Cass., 16 déc. 1891 (précité).
(2) *De Dividuo et Individuo*, pars III, nº 151.

le paiement de la dette. Le débiteur poursuivi peut-il lui opposer les bénéfices de la caution ?

Aucun doute n'existe au sujet du bénéfice de discussion. Ce bénéfice n'appartient certainement pas au débiteur solidaire. Dans le droit franc primitif, il n'en était pas question, la Novelle 4 n'étant pas connue. Plus tard, il ne put en être question davantage. Ce serait contraire à l'intention des parties, et ce n'est pas lorsque le cautionnement fut distingué nettement de la solidarité que l'on pouvait faire une confusion semblable entre les deux sûretés personnelles.

78. — Le bénéfice de division, au contraire, avait soulevé des controverses. Le rescrit d'Hadrien fut connu dès les premières époques de notre histoire, et, l'analyse juridique n'étant guère développée, il y avait eu difficulté au sujet de l'admission de ce bénéfice. Loysel (1), donnant son avis, refuse le bénéfice parce que, dit-il, les codébiteurs solidaires y ont renoncé. Domat (2) enseigne le contraire en se fondant sur l'interprétation alors admise de la Novelle 99, qui aurait fusionné la solidarité et le cautionnement. Domat avoue d'ailleurs que de son temps la clause de renonciation est presque de style dans les contrats. Mais il refuse le bénéfice aux condamnés pour un crime ou un délit.

(1) *Inst. coutumières*, III, I, n° 2.
(2) *Loc. cit.*, art. 3.

Pothier (n° 270) interprète au contraire la Novelle 99 dans son véritable sens. La Novelle a accordé les bénéfices aux débiteurs solidaires *alterna fidejussione obligati* seulement. Et d'ailleurs, dit Pothier, « je ne vois pas qu'on la suive parmi nous ». Pothier reconnaît que les renonciations au bénéfice de division sont devenues de style, mais il refuse le bénéfice, même en l'absence de toute renonciation.

79. — Le bénéfice de cession d'actions est admis par tout le monde ; mais on discute sur une question d'application. Tandis que Dumoulin accorde le bénéfice de plein droit, la majorité des auteurs, et notamment Pothier (n° 280), disent que le débiteur doit demander la cession, qui d'ailleurs ne peut lui être refusée.

La loi 76 D., *De solutionibus*, semble donner raison à Pothier. Se plaçant au cas de cotuteurs solidaires, elle décide que, si les actions du créancier n'ont été cédées au *solvens* qu'après le paiement, *nihil eâ cessione actum* (est), *cum nulla actio superfuit*.

Pour réfuter cet argument, Dumoulin prétend que la loi 76 a visé le cas où le paiement a été fait par un tiers, non par un des tuteurs. La question resterait donc entière, et Dumoulin la résout en disant : « Le *solvens* ayant droit à la cession, cette cession a lieu de plein droit, à moins de clause contraire, car les renonciations ne se présument pas (1). »

(1) Dumoulin, *Prima lectio Dolana*, n⁰ˢ 19 et 20.

Dumoulin fonde aussi son opinion sur la loi I § 13 Dig. *De Tut. et Rat.*

Mais Pothier (*loc. cit.*), Renusson (1) et la jurisprudence des Parlements refusent d'admettre ici la subrogation de plein droit. La loi 76, disent-ils, s'est bien placée dans le cas où le paiement a été fait par un des tuteurs solidaires ; d'autre part, si les renonciations ne se présentent pas, encore faut-il qu'il s'agisse de renonciations à des droits acquis; or ici le débiteur n'a qu'un droit : requérir la subrogation, et il faut qu'il paraisse user de ce droit. Enfin l'argument tiré par Dumoulin de la loi I Dig., *De tutelis et rationibus distrahendis*, n'est pas décisif, ce texte pouvant tout aussi bien s'entendre d'une autre action, par exemple de l'action *utilis negotiorum gestorum* , que de l'action *utilis tutelæ* (2).

80. — Supposons que le débiteur ait payé et qu'il ait obtenu la cession. Il va pouvoir recourir contre ses codébiteurs. Pour combien ? d'après Domat (3) il faut distinguer : y a-t-il eu renonciation au bénéfice de division? Il peut intenter l'action solidaire contre chacun des obligés. S'il n'y a pas eu renonciation au bénéfice, il ne peut recourir contre

(1) *Traité des Subrogations*, ch. 7, n° 68, et ch. 9, n° 7.
(2) Pothier, *loc. cit.*
(3) Lois civiles, *loc. cit.*, art. 6.

chacun que pour ce qu'il a payé à sa place, c'est-à-dire pour sa part.

Mais nous avons vu que, dans l'opinion générale, les débiteurs solidaires n'avaient pas le bénéfice de division. Il aurait donc fallu donner au *solvens* un recours contre chacun pour le tout. Cependant Pothier (n° 281) cite et approuve deux arrêts de 1650 et 1674, qui ne donnent au *solvens* de recours que pour la part de chacun. Pothier fonde son approbation sur la nécessité d'éviter un circuit d'actions. Ce n'est pas tout à fait exact.

La vérité c'est qu'il n'y aurait pas eu circuit d'actions. Il y aurait eu seulement, si nous pouvons ainsi parler, « une cascade de recours ». Primus, Secundus, Tertius, Quartus sont débiteurs solidaires. Primus paye le tout. S'il réclame à Secundus le tout, sous déduction de sa part, c'est-à-dire les trois quarts, Secundus ne pourra plus se retourner contre lui, mais il pourra à son tour réclamer à Tertius la moitié. Tertius ne pourra plus réclamer à Quartus que sa part, c'est-à dire le quart.

Cependant, mieux vaut éviter cette complication, et l'opinion de Pothier doit être approuvée en équité.

81. — Reste à prévoir une dernière hypothèse. Le *solvens* n'a pas demandé la subrogation. Pourra-t-il recourir contre ses codébiteurs?

Ici, plus de difficulté comme en droit romain.

Pothier nous dit formellement (n° 282) que le *solvens* aura un recours, même en cas de délit. Il intentera l'action *pro socio*, l'action *mandati*, ou, à défaut de société et de mandat, l'action *negotiorum gestorum*, etc. (1).

CONCLUSION

82. — Comme en droit romain, la solidarité a commencé dans notre ancien droit par être un résultat mécanique. Puis elle est devenue un moyen de crédit. Nos anciens jurisconsultes tout en faisant des efforts pour suivre le droit romain, se sont quelquefois mépris à son sujet. Ils n'ont pas vu la différence entre la solidarité et l'obligation *in solidum*. Ils ont cru pendant longtemps que la Novelle 99 avait accordé aux débiteurs solidaires le bénéfice de division. Mais il faut les laver de l'accusation injuste d'après laquelle ils auraient cru trouver, en droit romain, entre codébiteurs solidaires, le principe général d'un mandat *ad conservandam obligationem, non ad augendam*. Cette fausse conception n'est pas d'eux. Ils se sont contentés de dire que la faute et la demeure de l'un des codébiteurs solidaires produiraient effet contre les autres *ad perpetuandam et conservandam obligationem, non ad augendam*.

(1) Pothier, n° 282.

D'autre part, la solidarité s'est distinguée nettement du cautionnement, et, à la fin de l'ancien droit, la confusion originaire n'existe plus.

83. — Il nous faut cependant signaler, dans les œuvres de Pothier, un nouveau germe de confusion entre le cautionnement et la solidarité. L'influence commerciale tend à reconstituer la solidarité en éliminant, dans le cautionnement, les bénéfices qui le distinguent de l'institution souche (1).

Cela se fait de plusieurs manières :

1° Certaines cautions ne peuvent invoquer les bénéfices de discussion et de division. Telles sont les cautions judiciaires et les cautions pour les fermes du roi;

2° Les cautions peuvent renoncer au bénéfice de discussion, expressément ou tacitement.

(1) Pothier, nᵒˢ 409 et 407. Edition Bernardi, 1805.

CHAPITRE TROISIÈME

Droit français moderne

84. — Nos études précédentes nous ont amené aux conclusions suivantes :

1° Le droit romain et l'ancien droit n'ont jamais expliqué les effets de la solidarité par l'idée d'un mandat, d'une représentation entre les débiteurs solidaires. Tous les effets de la solidarité découlaient de ce principe, que dans la solidarité il y a unité d'objet et pluralité de liens.

2° Le droit romain classique distinguait deux institutions, la solidarité et l'obligation *in solidum*, différentes par leur nature et leurs effets. — Au contraire, nous ne trouvons nulle part, dans les écrits de Pothier et des jurisconsultes du xviiie siècle, de théorie spéciale quant à l'obligation *in solidum*.

3° La solidarité, d'abord confondue avec le cautionnement, s'en est progressivement écartée jusqu'à Justinien. L'obscurcissement des idées juridiques, au moment des invasions, et le collectivisme de la famille germanique, amenèrent une fusion nouvelle entre les deux institutions. La séparation a été de nouveau complète au moment de la rédaction des coutumes. Cependant, les travaux de Pothier nous indiquent une nouvelle tendance à la fusion.

Il nous reste à étudier ces trois idées dans notre législation moderne.

SECTION PREMIÈRE

Y A-T-IL DANS NOTRE DROIT UN MANDAT PRÉSUMÉ ENTRE CODÉBITEURS SOLIDAIRES ?

85. — Nous allons examiner successivement :

1° La naissance de cette idée de mandat dans l'histoire ;

2° Les avantages et les inconvénients du mandat présumé entre codébiteurs ;

3° Les diverses théories émises à cet égard.

§ 1ᵉʳ. — *Origine historique de l'idée de mandat.*

86. — Les jurisconsultes du Code civil ayant emprunté leurs théories sur la solidarité à Pothier, qu'ils suivent pas à pas, l'idée de mandat leur est étrangère. Aucune discussion dans les travaux préparatoires n'annonce en effet l'apparition de conceptions nouvelles.

M. Tissier (1) nous apprend comment s'est faite

(1) Note sous Cass., 16 déc. 1891, S. 93. 1.81.

cette adjonction. Duranton n'en parlait pas. Le mandat apparaît incidemment chez Toullier (1), qui trouve insuffisant l'ancien principe d'explication par l'unité d'objet. Merlin (2) dit que les codébiteurs solidaires, s'étant donnés mandat de payer, se représentent dans tous les actes de procédure ayant trait à ce paiement. Enfin Rodière (3) dit seulement : « Ils sont censés s'être donné mandat. »

C'est seulement chez les auteurs modernes que cette idée passe au premier plan, mais les auteurs sont divisés sur la portée du mandat (Voir § 3 de cette section).

§ 2. — *Critique de l'Idée de Mandat.*

87. — Avant d'aborder l'étude de ces opinions, nous avons à nous demander quelle est la valeur juridique de cette conception nouvelle. Son introduction doit-elle être approuvée ?

Au premier abord, il semble que ce soit là une heureuse innovation. Le principe ancien de la théorie de la solidarité (unité d'objet, pluralité de liens), malgré son apparente simplicité, ne peut suffire à tout expliquer. Il prête aux discussions et à l'arbitraire. On invoquera tour à tour l'unité d'objet ou

(1) Tome VI, n° 729. *Traité de droit civil.*
(2) Quæst., v° *Chose jugée* (§ 18).
(3) *Traité de l'Indivisibilité et de la Solidarité*, n° 103.

la pluralité de liens, pour expliquer les solutions les
plus opposées. Quand on cherchera à ne pas traiter
tous les coobligés de la même manière, on argumen-
tera de la diversité de liens. Si l'on veut au contraire établir entre eux une identité de situation, on
se fondera sur l'unité d'objet. Ainsi la règle d'après
laquelle *alterius mora alteri non nocet* tient à la pluralité de liens, la règle contraire *alterius factum
alteri quoque nocet*, à l'unité d'objet.

Les principes anciens ne peuvent donc nullement
expliquer comment, par exemple, on déterminera
l'effet, à l'égard des autres débiteurs, de la chose
jugée avec leur codébiteur. L'appel interjeté par
l'un profitera-t-il aux autres ? Sur tous les points où
le Code ne s'est pas prononcé, surgissent les mêmes
difficultés. Et d'autre part, en toute matière, surtout en celle si complexe de la solidarité, pour
coordonner les solutions éparses dans la loi, il faut
à l'interprète un système. Le vieux principe ne
satisfaisait personne. Un système parfait est encore
à trouver, et le mandat est une explication acceptable au moins comme un pis-aller (1).

88. — Il faut bien avouer cependant que cette
idée du mandat est aussi arbitraire que le vieux
principe romain. Même en l'admettant, comment
expliquer la différence de rédaction entre les arti-

____

(1) M. Charmont, *Revue critique de 1894*, pp. 65 et suiv.

cles 1205, 1206 et 1207 ? Les articles 1206 et 1207 posent le principe de l'effet absolu, contre tous les codébiteurs, de la demande d'intérêts ou de l'interruption de prescription dirigée contre l'un d'eux. L'article 1205, au contraire, décide que la perte du corps certain faisant l'objet de l'obligation, par la faute ou pendant la demeure de l'un des débiteurs solidaires, ne rend pas les autres passibles de dommages-intérêts.

89. — Pour concilier ces textes, on a imaginé que les codébiteurs s'étaient donné mandat *ad perpetuandam vel minuendam obligationem, non ad augendam*. Ceci, il faut bien l'avouer, n'explique rien. N'est-ce pas aggraver au premier chef l'obligation d'un débiteur, que de lui faire subir les conséquences de la demande d'intérêts dirigée contre son codébiteur, et qu'il a peut-être ignorée; ou de décider qu'il n'est pas libéré par la prescription extinctive, parce que le créancier a fait, à son insu, des diligences contre l'un de ses codébiteurs? On nous répond, il est vrai : Cet effet absolu de l'interruption de prescription ou de la demande d'intérêts est en faveur des débiteurs solidaires. Le créancier, en l'absence de telles dispositions, engagerait contre chacun des poursuites individuelles, ce qui entraînerait des frais. Et cela, dit-on, est tellement vrai que le Code fédéral Suisse des obligations (art. 155), tout en rejetant certaines conséquences de l'idée de mandat, n'a pas admis non plus la solution proposée dans le projet, et tendant à restreindre l'effet de l'interruption de prescription au débiteur interpellé.

Malgré cette réponse, nous maintenons notre critique. L'opinion de nos adversaires a le grand tort de préjuger ce que fera le créancier, et le Code fédéral Suisse eût peut-être été plus conséquent envers lui-même, en adoptant la solution du projet.

90. — Le mandat, pour être logique, doit, selon nous, être admis jusqu'au bout, c'est-à-dire même *ad augendam obligationem*. Et nous approuvons, dans cet ordre d'idées, sinon comme satisfaisant aux besoins du crédit, du moins comme échappant à tout reproche de contradiction, la solution du nouveau Code civil rédigé par M. Boissonnade pour l'Empire du Japon. Dans ce travail, à côté d'une obligation « *intégrale* » ne produisant que les effets de l'obligation *in solidum*, est organisée une solidarité *parfaite* basée sur l'idée de mandat. Mais le Code civil Japonais admet à juste titre un mandat complet. C'est ainsi que les conséquences de la faute et de la demeure de l'un des coobligés réagissent contre les autres, non seulement en ce qui concerne la valeur du corps certain, qui faisait l'objet de la dette, mais aussi pour les dommages-intérêts. Comment comprendre, en effet, un mandat tacite, dont l'existence soit subordonnée aux résultats de l'opé-

ration, un mandat qui sera confirmé si la conséquence est favorable au mandant, mais infirmé si
elle lui est défavorable? Et si même on suit les er-
rements du Code civil Japonais, « comment, dans
« une convention qui doit s'interpréter d'après la
« volonté probable des parties, peut-on supposer
« l'existence d'un mandat qui sacrifie l'intérêt du
« mandant (1)? »

En résumé, l'idée du mandat, contradictoire avec
l'article 1205 si on l'applique sans correctif, est
arbitraire lorsqu'on l'atténue.

91. — Bien plus, nous estimons que cette théorie
du mandat est tout à la fois inutile et incompatible
avec le système entier du Code civil.

Elle est inutile. On l'a inventée pour déterminer,
dans certains cas prévus, les effets de la solidarité.
Or qu'est-ce que la solidarité ? C'est une convention
(art. 1202). La solidarité ne se présume pas. Elle ne
peut résulter que d'une convention expresse, ou
d'une convention tacite (solidarité légale, testamen-
taire ou judiciaire).

Pourquoi, dans les cas douteux, — c'est-à-dire lorsque l'acte générateur de l'obligation solidaire n'en
a pas réglé avec précision les effets — pourquoi ne
pas appliquer à la solidarité les règles générales de
l'interprétation des conventions ? — On recherchera

(1) Charmont, *Revue critique*, 1894, p. 68.

quelle a été la commune intention des parties con-
tractantes (art. 1156) et dans le doute on appliquera
l'art. 1162 : dans le doute, la convention s'interprète
en faveur des obligés.

92. — Elle est incompatible avec ces règles générales. Quelle a été la commune intention des parties ? Le créancier a voulu assurer l'exécution rapide
et complète de l'obligation. Les débiteurs, pour ce
faire, ont consenti à ce que le créancier pût exiger
le tout de celui d'entre eux qu'il lui plairait de choisir. Mais on étonnerait beaucoup créancier et débiteurs, dans le plus grand nombre des cas, en leur
disant leur volonté, que l'appel interjeté contre l'un
des débiteurs solidaires eût effet contre les autres.
Le législateur n'a-t-il pas assez fait pour le créan-.
cier, en inscrivant dans le Code les articles 1205,
1206 et 1207? Faut-il encore le protéger? Le créancier, qui d'ordinaire fait la loi du contrat, n'est-il
pas libre de stipuler des effets encore plus étendus
que ceux du Code? S'il ne l'a pas fait, pourquoi
dépasser son désir ?

93. —Ces critiques sont si justifiées que les partisans mêmes du mandat hésitent devant ses conséquences et n'osent pas les pousser jusqu'au bout.
C'est ainsi que, dans son rapport dans la fameuse
affaire Cotté et consorts (1), le conseiller Rousse-

(1) Cass., 16 décembre 1891. Journal *le Droit*, des 23-24 janvier
1892.

6

lier, tout en admettant le principe du mandat, pro-
nonçait les paroles suivantes : « L'idée de mandat
« ne saurait prévaloir contre la manifestation posi-
« tive d'une volonté contraire... M. Larombière
« fait observer qu'elle ne saurait prévaloir contre la
« réalité des choses (comparez Laurent, tome XVII,
« nᵒˢ 294, 304-306). D'ailleurs, la solidarité est une
« exception au droit commun, et il faut se mainte-
« nir strictement dans les limites de la loi (1). »

§ 3. — *Diverses Théories sur le Mandat.*

94. — S'il fallait ajouter une nouvelle critique
aux précédentes, nous en trouverions aisément la
base dans la diversité des théories admises sur le
mandat. Cette idée est tellement étrangère à notre
droit, elle est si inconciliable avec les dispositions
de nos Codes, que les partisans du mandat ne réus-
sissent pas à s'entendre, pour en déterminer la
portée.

Les uns (2) admettent un mandat *ad perpetuandam, conservandam et minuendam obligationem, non
ad augendam.* « Cette représentation, disent MM. Au-
« bry et Rau (*loc. cit.*), existe dans l'intérêt du créan-

(1) Tissier, note sous Cass., arrêt précité. Sirey, 93.1.81.nᵉ 1 *in fine.*
(2) Aubry et Rau, tome IV, pp. 28 et 298 *ter.* — Colmet de Santerre,
tome V, nᵒˢ 132 *bis*, 134 *bis*, II. — 139 *bis*, I. — Baudry-Lacantinerie, 4ᵉ édition, tome II, p. 684, nᵒ 972 de son *Précis de Droit civil.*
— Fuzier Herman, *Code civil annoté* sous l'art. 1200, nᵒ 6. — Vigié, tome II, nᵒ 1386.

« cier vis-à-vis des codébiteurs solidaires, existe
« également contre lui dans l'intérêt de ces der-
« niers. Les codébiteurs se représentent... dans
« l'intérêt du créancier, pour tout ce qui est relatif
« à la conservation et à la poursuite de ses droits...
« Le principe ne s'étend pas aux faits ou actes qui
« auraient pour résultat, soit de créer à leur charge
« des obligations nouvelles, soit de détériorer sous
« un rapport quelconque leur condition, telle que l'a
« faite l'acte constitutif d'engagement. »

95. — Cette théorie est généralement admise en doctrine. Cependant, M. Larombière (1), frappé sans doute de ce qu'elle méconnaît l'intention probable des débiteurs, adoucit la rigueur de ses conséquences. Comment comprendre l'existence d'un mandat réciproque entre codébiteurs, dans l'intérêt du créancier, *ad conservandam obligationem?*

Aussi M. Larombière (*loc. cit.*) n'admet le mandat réciproque des codébiteurs que dans leur intérêt, pour améliorer leur situation, non pour la rendre pire. Le mandat pour lui existe *ad minuendam obligationem, non ad augendam.*

96.—Ce système de Larombière, s'il est plus conforme à la volonté probable des parties et aux règles sur l'interprétation des conventions que nous avons signalées, se heurte aux articles 1205, 1206 et 1207.

(1) *Théorie et pratique des Obligations*, 3e édition, tome III, p. 389, sur l'art. 1200, n° 4.

L'idée d'un mandat réciproque nous semble, en l'état actuel de notre législation, absolument inconciliable avec les solutions de nos Codes.

97. — Quel est le système de la jurisprudence ? Il est assez difficile de le déterminer.

Longtemps les Cours et Tribunaux se contentèrent d'appliquer strictement les textes et de résoudre les difficultés au moyen du double principe de l'unité d'objet et de la pluralité de liens. Elles tiraient notamment de la diversité de liens cette conséquence, que l'effet de la chose jugée devait être restreint au débiteur qui avait été partie au jugement (1).

Le 15 janvier 1873, un arrêt rendu sur le rapport de M. Larombière déduit des textes du Code civil que « chaque codébiteur solidaire est le contradic-« teur légitime du créancier et le représentant né-« cessaire de ses consorts, en tant que ceux-ci n'ont « pas à opposer d'exceptions personnelles (2) ».

98. — Depuis cet arrêt de 1873, l'idée de mandat a pénétré de plus en plus dans la pratique, et la jurisprudence en a fait de nombreuses applications, surtout en matière de chose jugée (Cass., 28 décembre 1881. Sirey. 83.1.465 ; — 1er décembre 1885. Sir. 86.2.80 ; — Alger, 2 janvier 1883. Sir. 84.2.17. — Cass., 27 novembre 1893. Sir. 94.1.233. — Note

---

(1) Arrêts cités par Tissier dans note sous Cass., 16 décembre 1891, précitée.

(2) Tissier, note sous Cass., 16 décembre 1891, précité.

de Tissier sous cet arrêt de 1893. -- Lacoste, *De la chose jugée*, nos 591 à 593).

Mais ces arrêts, sauf le dernier, ne s'occupaient que de la représentation en justice, sans déterminer la portée de ce mandat, une fois admis. Ils ne se prononçaient pas entre les deux systèmes opposés d'Aubry et Rau d'une part, et de Larombière, de l'autre.

Un arrêt du 16 décembre 1891 (Sir. 93.1.81) est enfin venu poser le principe général admis par la jurisprudence. C'est le système de Larombière, le plus favorable aux débiteurs solidaires, qui triomphe dans cet arrêt. « En règle générale, le mandat « que les débiteurs solidaires sont réputés se don- « ner entre eux, s'il leur permet d'améliorer la con- « dition de tous, n'a pas pour effet de pouvoir nuire « à aucun d'eux. »

L'espèce était la suivante. Une action en responsa- bilité solidaire pour défaut de gestion est intentée contre les administrateurs d'une société anonyme. Le Tribunal rejette la demande. Un des administra teurs signifie le jugement pour faire courir l'appel (art. 443 du Code de procédure civile). Appel est interjeté et signifié plus de deux mois après la noti- fication de l'article 443. Cet appel est-il opposable à tous?

La Cour de Paris avait admis que l'appel, ainsi interjeté en temps utile, conserve le droit de l'appelant contre tous les débiteurs solidaires. C'était la théorie généralement admise du mandat *ad perpetuandam obligationem*.

La Cour de Cassation a jugé le contraire. Le créancier ne peut être relevé de la déchéance qu'il avait encourue contre l'un, par l'appel fait en temps utile contre les autres.

C'est qu'en effet l'idée d'un mandat, même *ad perpetuandam obligationem*, est difficile à concilier avec l'équité. Elle fait souffrir un codébiteur solidaire diligent de la négligence des autres Elle est de plus contradictoire avec l'article 1205 *in fine*, qui limite évidemment les effets du mandat à la perpétuation de la dette avec son contenu primitif. Enfin, comme nous l'avons dit plus haut, elle est contraire à la volonté probable des coobligés solidaires (voir n° 92).

Voilà pourquoi la Cour de Cassation, adoptant le système de M. Larombière, n'admet qu'un mandat *ad minuendam obligationem*.

93. — Il est indéniable qu'il y a dans cet arrêt de 1891 une tendance à limiter les effets de la solidarité.

Il faut bien l'avouer cependant : cette atténuation équitable n'est qu'à moitié satisfaisante. Le principe du mandat reste arbitraire. Il donne lieu à des discussions interminables qui en montrent bien l'incertitude et la contradiction. La Cour de Cassation elle-même, après avoir posé le principe dans l'arrêt de 1891, a rendu, le 27 novembre 1893, une nouvelle décision (S. 94.1.233) difficile à concilier avec la première.

Voici l'espèce de l'arrêt de 1893 : Plusieurs associés sont condamnés solidairement. L'un d'eux, Primus, fait opposition ou appel, mais tardivement, et sa condamnation est déclarée définitive. Puis un autre, Secundus, fait opposition, et le montant de sa condamnation est réduit sur son opposition ; pareille réduction profitera-t-elle à Primus?

Cette question peut être résolue de diverses façons :

1° Si l'on s'en tient à l'arrêt de 1891, Primus a été représenté par Secundus *ad minuendam obligationem*. Il profitera donc de la réduction. L'on objectera peut-être que, le jugement rendu contre Primus étant passé en force de chose jugée, le jugement obtenu par Secundus ne saurait le modifier. Ce serait contraire à l'article 1351. — Mais Primus ne pourra-t-il pas répondre que le jugement rendu contre lui, définitif quant au principe de la condamnation, ne l'était pas en ce qui concerne le montant de cette condamnation (1)? Primus dans cette opinion, admise par le Tribunal de Jonzac et la Cour de Poitiers, profitera de la réduction (2).

(1) Note 3 sous notre arrêt. — Voir aussi note sous Cass., 27 août 1877. Sirey. 78. 1. 49.

(2) Jonzac, 13 août 1889; Poitiers, 16 mars 1890, sous notre arrêt de 1893.

2° Ces raisons ne touchèrent pas la Cour de Cassation, qui, écartant ici toute idée de mandat, décida que les deux décisions rendues contre Primus et contre Secundus devaient être également exécutées. Solution peut-être acceptable, mais qu'il est difficile de concilier avec celle de l'arrêt du 16 décembre 1891 concernant l'appel.

100. — *Conclusion*. — La Cour de Cassation, après avoir admis le mandat entre codébiteurs solidaires, se refuse à l'appliquer jusqu'au bout. Tant il est vrai que l'idée de mandat ne répond pas à la réalité des choses !

Les solutions de notre Code peuvent s'expliquer aisément sans y recourir. Les principes romains, en y ajoutant pour les cas douteux les règles sur l'interprétation des conventions, écrites dans les articles 1156 et suivants du Code civil, y suffisent amplement. Tout au plus admettrions-nous que, chaque débiteur solidaire étant débiteur pour sa part, caution des autres pour le surplus, il y ait une représentation de fait entre codébiteurs (1). Mais cette représentation, qui résulte de la nature des choses, n'existe *qu'en fait*. Le législateur n'y a pas songé, et l'on ne saurait en faire un principe d'explication.

(1) M. de la Ménardière, à son cours, *Théorie des obligations*, chapitre Des Obligations multiples, indivisibles et solidaires.

SECTION II

Y A T-IL DANS NOTRE DROIT UNE SOLIDARITÉ IMPARFAITE ?

101. — L'ancien droit n'a pas, comme nous le savons, admis la distinction entre deux espèces de solidarité, une solidarité *parfaite* et une obligation *in solidum*. Il semblerait à priori que notre Code civil n'ait pas admis d'avantage cette distinction, dont les travaux préparatoires ne renferment aucune trace.

Et cependant, la doctrine unanime proteste contre une assimilation entre la solidarité et la responsabilité collective des coauteurs d'un délit ou d'un quasi-délit.

Avant d'examiner les opinions diverses émises à cet égard, demandons-nous, comme nous l'avons fait pour le mandat, s'il faut approuver cette distinction ?

102. — Quelle en est la raison d'être? Nous croyons la trouver dans la différence de principe entre les deux situations. Les effets de la solidarité, tels qu'ils résultent des textes du Code civil, sont très rigoureux pour les débiteurs. Ils sont contraires à leur intention probable, et aux dispositions du Code sur l'interprétation des conventions. Si on peut à la rigueur les admettre quand la solidarité résulte d'un acte de volonté, il n'en est plus de même dans le cas où elle naît d'une disposition législative ou d'un principe rationnel. Que si la solidarité a pour cause une convention, les parties, lors de leur engagement, en ont dû prévoir les conséquences; libre à elles de les limiter.

Ici, au contraire, rien de semblable; l'obligation au tout est imposée par la loi, ou bien elle résulte d'une faute commune et du principe général de l'article 1382.

103. — Nous venons ainsi d'exposer une première théorie possible, d'après laquelle une convention seule pourrait établir la solidarité entre codébiteurs, tandis qu'une simple obligation au tout existerait dans les divers cas de solidarité légale et dans celui de la responsabilité collective des coauteurs d'un même délit.

Mais cette opinion ne résisterait guère à l'examen. L'article 1202 semble placer la solidarité légale sur la même ligne que la solidarité conventionnelle, et c'est aussitôt après, dans les articles 1203 et suivants, que le législateur a déterminé les effets de la solidarité. Rien dans les textes n'autorise à distinguer entre la solidarité conventionnelle et la solidarité légale au point de vue des effets.

104. — Touchés de cette idée, MM. Aubry et Rau (tome IV, page 19, § 298 *ter*) assimilent à la solidarité conventionnelle tous les cas de solidarité légale qui ne sont en réalité que déclaratifs de la volonté des parties (art. 1807 et 2002 ; — 396 ; — 1033 du Code civil ; — 118, 140, 187 du Code de commerce). La solidarité *imparfaite*, créée dans des vues d'ordre public, ou pour la garantie de certains intérêts compromis par les suites d'un fait dommageable, existera dans les autres cas prévus par la loi (art. 395 ; 1442 C. civ. ; — 55 C. pénal) ; — et quand il y aura responsabilité collective fondée sur les articles 1382 et suivants du Code civil.

Le seul effet de la solidarité *imparfaite*, dans l'opinion des éminents jurisconsultes, consistera en ce que le créancier pourra agir pour le total contre l'un ou l'autre des coobligés, et obtenir contre tous une condamnation solidaire. D'ailleurs, « une fois la « condamnation prononcée, toutes les règles relati- « ves aux rapports du créancier et des débiteurs « solidaires deviennent applicables à l'obligation « ainsi reconnue. »

105. — Même point de départ dans l'ouvrage de M. Demolombe (tome XXV, nᵒˢ 235 et suivants). Mais quand il s'agit d'en tirer des conséquences, cet auteur allègue que « il n'y a qu'une seule espèce de « solidarité, celle que la loi elle-même reconnaît, et « en dehors de laquelle il n'en existe aucune autre » (*ibid.*, nᵒ 287). N'y aura-t-il donc qu'une seule espèce de solidarité ? Demolombe ne va pas jusqu'à l'affirmer. « Dans les cas exceptionnels où la loi apporte

« elle-même des modifications à la solidarité qu'elle
« prononce, il y a lieu, dit-il, de reconnaître une
« solidarité que l'on peut appeler, si l'on veut, *impar-*
« *faite.* » (*Ibid.*, n° 290. — Art. 140 et 187 C. comm.
rapprochés des art. 167 et 168).—De plus, il y aura
une obligation *in solidum* à la charge des auteurs d'un
délit civil ou d'un quasi-délit. Dans ce cas, en effet,
les articles 1205, 1206 et 1207 ne sauraient s'appliquer. Au juge incombera le soin de fixer la part con-
tributoire de chacun (*ibid.*, n°ˢ 304 et suivants). Enfin,
toujours dans le cas de l'article 1382 du Code civil, le
serment obtenu ou prêté par l'un des codébiteurs, la
remise qui lui aurait été faite, ne libèrent les autres
que dans la mesure de leurs recours contre lui.

106. — Nous trouvons une solution analogue
dans l'ouvrage de M. Colmet de Santerre (1).

Pour cet auteur (2), les effets de la solidarité s'ap-
pliquent aussi bien à la solidarité légale qu'à la solidarité conventionnelle. Mais à cette règle, des exceptions : A) Quand les principes généraux du droit
nous conduisent à admettre la solidarité sans texte.
Dans le cas par exemple où plusieurs personnes ont
simultanément commis un dol ou une faute, il n'y a
qu'une obligation *in solidum*, fondée sur l'impossi-

____

(1) Tome V, n° 135 *bis*, II et III.

(2) *Sic :* M. Surville, à son cours, *Théorie des obligations*, chapitre III, section III, § 1ᵉʳ.

bilité de déterminer la part de chacun dans les conséquences du dol ou de la faute.

B) Deuxième exception quand le texte qui établit la solidarité n'y rattache pas les effets de droit commun; et c'est ce qui arrive dans les cas suivants :
— 1° Il résulte des articles 182 et 187 du Code de commerce que le porteur d'un effet de commerce, non payé à l'échéance, doit, s'il veut conserver le recours solidaire qu'il a contre le tiré et les endosseurs, faire contre chacun et dans les délais légaux des diligences individuelles. Il y a là une dérogation évidente à l'article 1206 du Code civil, qui permet au créancier de conserver son droit contre tous les codébiteurs par une action exercée contre l'un d'eux.
— 2° De même l'ancien article 1734 du Code civil déclarait les colocataires d'un immeuble solidairement responsables de la perte par l'incendie, sous réserve de se libérer en prouvant qu'ils n'étaient pas en faute. Cet article dérogeait, d'après M. Surville, à l'article 1205 du Code civil, et par conséquent établissait un cas de solidarité *imparfaite*. Il a disparu depuis la loi du 5 janvier 1883.

Dans cette opinion (M. Surville, *loc. cit.*), une solidarité *parfaite* résultera de la condamnation de plusieurs individus pour un même crime ou pour un même délit (art. 55 du Code pénal). Car le texte de cet article n'a pas dérogé aux règles ordinaires.

107. — La jurisprudence, allant encore plus loin

que MM. Demolombe, Colmet de Santerre et Surville (dont l'opinion est généralement suivie), n'admet même pas une solidarité *imparfaite* en cas de responsabilité collective résultant d'un dol ou d'une faute commune. Elle décide seulement (1), que les coauteurs d'un délit ou d'un quasi-délit civil sont obligés, chacun individuellement, à réparer la totalité du préjudice causé, à moins qu'il ne soit possible de déterminer avec précision la part de responsabilité de tous les délinquants.

La jurisprudence, à l'exemple de Pothier (n° 268) paraît considérer cette obligation intégrale comme une solidarité véritable. Elle se sert des termes de *solidarité, débiteurs solidaires* (Cass., 15 janvier 1878, Sir. 78.1.293). Un arrêt de la Chambre des Requêtes de la Cour de cassation (10 novembre 1890, S. 91. 1.241) consacre l'application de la théorie du mandat de représentation aux personnes obligées solidairement à raison d'une faute commune. La Cour décide que la déchéance, encourue par ceux des codébiteurs dont l'appel était tardif, est couverte par l'appel régulièrement formé par l'un d'eux. Même principe dans un arrêt de la Cour d'appel de Caen, du 5 mars 1894 (*Gazette du Palais*, 17-18 août 1894),

----

(1) Cass., 14 mars 1882. Dalloz, 83, 1. 403. Sirey, 84, 1.238, — 28 janvier et 8 juillet 1885. Sirey, 85, 1. 480 et 494; — 25 octobre 1885. Sirey, 87. 1.411; — 18 novembre 1885. Sirey, 89. 1.55. — Paris, 28 juin 1894. *Gazette du Palais*, 1894, n° du 17 juillet; — Seine, 8 juin 1894. *Gazette du Palais*, 25 juillet 1894.

dans l'hypothèse d'un quasi-délit. D'après cet arrêt, l'appel interjeté par un des codébiteurs solidaires profite aux autres. Il y a là une jurisprudence constante (voir les arrêts cités en note. *Gazette du Palais, ibid.*).

108. — Quel est entre ces trois systèmes le meilleur? — Doit-on décider qu'il n'y a jamais de solidarité *imparfaite*, selon l'opinion de la jurisprudence? Faut-il au contraire admettre avec MM. Aubry et Rau une solidarité *imparfaite*, toutes les fois que la loi établit la solidarité sans qu'il y ait entre les débiteurs solidaires de rapports impliquant un mandat réciproque? Ne vaut-il pas mieux suivre l'opinion générale, et dire qu'il y a solidarité *parfaite* à moins que la loi n'ait décidé le contraire, dans tous les cas où elle établit la solidarité?

109. — L'opinion de la jurisprudence paraît être des plus satisfaisantes au premier abord. Elle peut invoquer les précédents historiques. De plus, la loi ne distingue pas, et semble n'avoir rien changé aux traditions. Après avoir indiqué qu'il y avait une solidarité conventionnelle et une solidarité légale, elle détermine les conséquences de la solidarité, et sans distinction entre l'une et l'autre.

Il faut bien avouer cependant que l'opinion de la jurisprudence ne tient aucun compte de l'intention des parties, et surtout de la différence de fondement entre les cas de solidarité conventionnelle ou légale d'une part, et, de l'autre, ceux où l'on supplée à la loi dans un intérêt d'ordre public. La responsabilité pour le tout des coauteurs d'un dol ou d'une faute est basée sur l'impossibilité de déterminer la part de chacun dans le dommage causé. On ne peut l'étayer que sur une nécessité pratique. — Si les articles 1203 et suivants ne distinguent pas, c'est qu'ils traitent les effets de la solidarité conventionnelle ou légale prévue par l'art. 1202 du Code civil. Les précédents historiques eux-mêmes ne peuvent être invoqués avec raison. Si l'ancien droit ne distinguait pas, au point de vue des effets de la solidarité, encore cela n'est-il vrai que s'il y a solidarité conventionnelle ou légale. On ne peut argumenter davantage du silence de Pothier à cet égard, que de celui du Code civil.

L'assimilation faite par la jurisprudence ne repose sur rien. Elle ne peut invoquer l'idée d'un mandat, puisqu'il n'y a pas de convention expresse ou même tacite. L'idée d'unité d'obligation quant à l'objet ne se conçoit également que dans la solidarité volontaire. Quel que soit leur fondement, les articles 1205 et suivants doivent être écartés ici. Les divers auteurs du délit civil, à notre avis, sont tenus d'obligations distinctes n'ayant qu'un seul point de contact: l'unité d'exécution. Un seul paiement suffira pour les éteindre toutes.

110. — Nous ne saurions accepter davantage l'opinion de MM. Aubry et Rau. Pour nous, évidemment, elle pèche par la base, puisque nous n'admettons pas le principe du mandat de représentation entre codébiteurs solidaires. C'est une opinion divinatoire; en créant une solidarité particulière plus ou moins parfaite, sans que le texte de la loi les y autorise, les savants auteurs violent les articles 1200 et suivants du Code civil. N'est-il pas « étrange que « la loi emploie le mot *solidairement* dans deux sens « différents, sans que rien dans son texte fasse « jamais supposer une distinction? » La loi cependant n'avait que l'embarras du choix. Elle pouvait frapper les débiteurs solidaires d'une responsabilité *au tout*, ou encore les déclarer tenus *in solidum*, ou débiteurs *de la totalité*. Loin de là, elle emploie un mot technique, dont le sens et les effets sont développés dans une section spéciale du Code civil (art. 1200 à 1216). Enfin, dans cette section même, l'article 1202 met côte à côte la solidarité conventionnelle et la solidarité légale, puis, dans les textes qui suivent, le législateur détermine les effets de la solidarité.

« Cette assimilation, ajoute M. Colmet de Santerre « (*loc. cit.*) n'est pas d'ailleurs quelque chose d'injus-« tifiable. On peut en effet comprendre que, pour « multiplier les garanties du créancier, la loi lui ait « accordé des droits qu'elle consacrait elle-même « dans les cas ordinaires de solidarité... »

(1) Colmet de Santerre, tome V, 2ᵉ édition, page 210.

7

111. — Nous adopterons l'opinion de M. Colmet de Santerre comme étant la seule possible à concilier avec les textes. Nous venons d'en indiquer la base. Il nous reste à répondre à l'objection que l'on tire des articles 1205, 1206 et 1207 du Code civil.

Ces articles, dit-on (MM. Aubry et Rau), supposent un mandat, une société entre les débiteurs solidaires. Ils sont une dérogation au droit commun. On ne saurait donc les appliquer toutes les fois qu'il n'existera pas entre les débiteurs un lien de société ou de mandat (art. 395 et 1442 du Code civil; — 55 du Code pénal).

112. — Pour nous, qui avons admis que les articles 1205 et suivants pouvaient s'expliquer autrement que par une présomption de mandat, ce raisonnement pèche par la base. Mais il y a plus : si l'on examine de près les hypothèses qui font difficulté, on ne trouve pas une incompatibilité absolue entre les faits qu'elles supposent et les dispositions des art. 1205 et suivants, même en admettant que ces articles sous-entendent un mandat.

Si l'on traite des codélinquants, on doit reconnaître qu'il a existé entre eux une société de fait. L'immoralité de cette association l'empêche d'être reconnue par la loi (*nulla societas maleficiorum*). Mais, en fait, elle a existé. Comment admettre qu'en raison d'une violation de la loi, les codélinquants soient plus favorisés que des associés ordinaires?

Même raisonnement pour l'article 395. — Le deuxième mari de la femme est associé avec elle. Il y a même entre eux une société soumise à des règles particulières, une société qui peut embrasser tous les biens, être léonine, etc... La loi impose certaines obligations à la mère survivante et qui se remarie. Si elle obéit aux prescriptions de la loi, et si elle est maintenue tutrice, il y aura une association entre elle et son mari, et MM. Aubry et Rau eux-mêmes admettront la solidarité *parfaite*. Comment pourrait-elle diminuer l'énergie de son obligation en désobéissant à la loi? — Si l'on réfléchit un peu, on verra que les inconvénients pratiques des articles 1205, 1206 et 1207 sont moindres ici que partout ailleurs.

Enfin, l'article 1442 crée un cas de solidarité légale, fondé sur une négligence commune au survivant des époux et au subrogé tuteur. Il est bien difficile de prétendre qu'ils ne se sont pas connus. C'est là pourtant la seule hypothèse où notre opinion soit inconciliable avec celle de MM. Aubry et Rau. Il y a là sans doute une protection spéciale pour les mineurs, qui peut-être ne mettraient pas en cause leur tuteur et leur subrogé tuteur à la fois, en raison de leur inexpérience des affaires.

CONCLUSION

113. — Tout en acceptant, dans l'état actuel de

notre droit, la théorie de MM. Colmet de Santerre
et Surville, nous ne surprendrons personne en ajoutant qu'elle nous semble défectueuse en législation.
Elle contient une application fâcheuse de dispositions dont nous avons signalé les graves inconvénients. Il est souhaitable que le législateur intervienne
et supprime, dans la plupart des hypothèses, les effets des articles 1205 et suivants.

Nous distinguons trois degrés d'obligations solidaires : la solidarité *parfaite*, conventionnelle ou
légale, soumise à tous ces effets ; — la solidarité
légale *imparfaite*, avec les mêmes conséquences, sauf
exception pour celles inconciliables avec le texte
qui l'établit ; — et enfin l'obligation *in solidum*.

SECTION III

TENDANCE A UNE ASSIMILATION ENTRE LA SOLIDARITÉ ET LE CAUTIONNEMENT

114. — Il nous reste à examiner un seul point :
la solidarité et le cautionnement présentaient certains
points de contact dans les œuvres de Pothier. Ces
deux modes de sûretés personnelles tendaient à une
fusion. Qu'est devenue cette tendance ?

Remontons en arrière. A l'époque de Justinien,
nous avons déjà constaté semblable situation. Elle se
manifestait alors par une aggravation des effets du

cautionnement et une certaine atténuation de ceux de la solidarité. Nous pouvons constater, à notre époque, un phénomène analogue, mais bien plus caractéristique.

Il nous faut étudier successivement les causes de cette tendance et ses formes.

§ 1er. — Causes de la tendance à la fusion entre la solidarité et le cautionnement.

A. — Pourquoi le cautionnement se rapproche-t-il de la solidarité ?

115. — Nous nous sommes attaché, dans toute cette étude, à montrer les relations étroites de la solidarité avec les autres sûretés. Nous avons essayé également de mettre en relief cette idée, que la solidarité est le mode idéal de garantie en matière commerciale. Encore une fois, nous avons ici à constater une réaction du crédit réel et une influence du commerce. Mais, cette fois, ces deux actions combinées vont avoir une particulière énergie.

Cela tient sans doute à ce que la solidarité est, à l'heure où nous écrivons, autre chose qu'une institution mécanique. Les Romains, merveilleux logiciens, ne se rendaient cependant pas toujours un compte exact de la portée économique de leurs institutions. Le crédit, même à l'époque impériale, était d'ailleurs moins exigeant qu'aujourd'hui.

116. — 1° *Influence du crédit réel*. — Dans notre introduction, nous avons dit qu'il devait y avoir corrélation entre le crédit personnel et le crédit réel. Il est temps maintenant d'expliquer notre pensée et de la démontrer.

Le crédit réel était peu développé dans les temps primitifs. Les Romains n'en connurent aucune forme perfectionnée. La *fiducie*, le *pignus*, même l'*hypothèque*, présentaient des inconvénients très connus, que nous n'avons pas à énumérer ici. C'est ainsi que l'hypothèque romaine a toujours ignoré les deux grands principes de la *publicité* et de la *spécialité*.

Aussi les Romains tiennent-ils en grand honneur les sûretés personnelles, et, malgré le texte fameux de Pomponius (loi 25 D., *De regulis juris*, L. 17) « *Plus est cautionis in re quam in persona* », cette préférence des Romains pour les sûretés personnelles ne disparut jamais (1).

L'influence des sûretés réelles sur les sûretés personnelles est assez peu saillante en droit romain, sauf au Bas Empire, où les sûretés réelles améliorées commencent à faire la concurrence aux sûretés personnelles.

117. — Il en est de même dans notre *ancien droit*. Le crédit réel mobilier ou immobilier n'a encore reçu qu'une organisation élémentaire. Le *mort-gage*

(1) Voir l'article de M. Lucas : *Étude sur l'importance comparée des sûretés réelles et personnelles. Revue générale de droit,* année 1886.

est bien onéreux pour les débiteurs. Le *vif-gage* ne trouve pas une base suffisante dans la fortune mobilière encore rudimentaire. Quant au crédit réel immobilier par l'hypothèque, il présente les mêmes inconvénients qu'en droit romain. Sauf dans quelques coutumes dites *de nantissement*, il ne connaît pas la *publicité*. La *spécialité* est encore plus ignorée, et tout acte notarié (*obligation*) emporte par lui-même hypothèque générale sur les biens du promettant. Loysel a beau répéter la formule de Pomponius en disant (*Institutes coutumières*, n° 486) : « *mieux vaut gaige en arche que pleige en place,* » jamais dans l'ancien droit les sûretés réelles ne l'ont emporté sur les sûretés personnelles, et particulièrement sur la solidarité.

118. — Mais, aujourd'hui, la concurrence est devenue redoutable pour les garanties personnelles.

Le développement inouï de la richesse mobilière au XIX° siècle donne au gage une base très étendue. L'habitude des producteurs de devancer les besoins de la consommation a donné naissance au *warrant*, qui est aussi sûr que de l'argent liquide. La constitution et la vente du gage ont été favorisées en matière commerciale (art. 91 du Code de commerce modifié par la loi du 23 mai 1863) et au profit de puissants établissements de crédit foncier (loi du 19 juin 1857). Le nantissement est devenu un instrument de crédit perfectionné.

La concurrence de l'hypothèque n'est pas moins redoutable. L'hypothèque a été organisée par le Code civil de 1804 sur la base des deux principes de *spécialité* et de *publicité*. Les sûretés réelles confèrent un *droit de préférence*, renforcé par le *droit de suite* ou *de rétention;* dans la faillite des débiteurs solidaires ou des cautions, le créancier est soumis à la loi du concours.

Les sûretés personnelles succomberaient, si la pratique ne venait pas en renforcer l'énergie. La fidéjussion impuissante va se voir remplacée par la solidarité (Marcel Fournier, *Étude sur le cautionnement solidaire*, n° 2).

119. — 2° *Influence du commerce*. — Cette influence est peut-être encore plus accentuée. Le commerce s'accommode mal des lenteurs et des frais. Il exige des paiements rapides et non divisés, que l'engagement solidaire des garants est apte à lui procurer. La solidarité est depuis longtemps présumée en matière commerciale.

Mais nos sociétés actuelles modèlent de plus en plus leurs actes civils sur ceux de la vie commerciale. La pratique de l'endossement se généralise, et on a même essayé de l'appliquer aux créances hypothécaires. On adapte aux sociétés civiles les formes commerciales. Certains pays étrangers connaissent déjà la faillite des non-commerçants. (Voir l'ouvrage récent de M. Thaller, *Des faillites en droit comparé; passim.*) Le Code fédéral Suisse des obligations est la preuve de cette pénétration de l'élément commercial dans la vie civile : il traite des obligations en droit commercial comme des obligations civiles.

Dans cette situation, où les actes des particuliers tendent à se modeler sur ceux des négociants, le cautionnement est tout naturellement ramené vers la solidarité. Pour assurer aux cautions un triomphe passager, il faut que la loi intervienne (lois *Furia*, *Cornelia*, etc.). Or, de nos jours, le législateur laisse aux particuliers le soin de défendre eux-mêmes leurs intérêts.

Le cautionnement tend fatalement à se rapprocher de la solidarité.

B. — **Pourquoi la solidarité se rapproche-t-elle du cautionnement ?** — Cela tient d'abord à notre régime individualiste, et d'autre part aux règles du Code sur l'interprétation des conventions. Peut-être enfin peut-on invoquer l'intérêt du crédit.

120. — Dans notre régime individualiste, le seul moyen pour le législateur d'édicter de bonnes dispositions, c'est de laisser aux particuliers le soin de limiter eux-mêmes la portée de leurs engagements, en se contentant d'interpréter leurs intentions. Le législateur français n'y a pas manqué (art. 1134, art. 1162 du Code civil).

Or, il est bien certain, ainsi que nous l'avons dit

plus haut (n° 92) que l'intention des débiteurs est de s'engager le moins rigoureusement possible.

121. — D'autre part, nous avons montré, dans notre introduction (n° 18), que le créancier lui-même avait intérêt à ce que, tout en assurant son paiement, la garantie qu'il exige ne soit pas trop écrasante pour le débiteur. Notre raisonnement est aujourd'hui plus fort que jamais. La baisse constante de l'intérêt de l'argent prouve que l'offre de capitaux est de moins en moins supérieure à la demande. Le capitaliste qui ne veut pas laisser improductives les sommes dont il peut disposer est obligé de se montrer conciliant, sous peine de ne pas trouver de placements rémunérateurs.

§ 2. — Formes de cette tendance.

I. — ATTÉNUATION DES EFFETS DE LA SOLIDARITÉ.

122. — Nous avons déjà montré comment la solidarité atténue ses effets. Nous n'avons qu'à renvoyer à ce que nous avons dit au sujet du *mandat* entre codébiteurs et de la solidarité *imparfaite*.

Nous nous contenterons d'ajouter que les idées exposées dans les deux premières sections de ce chapitre gagnent tous les jours du terrain dans les législations nouvelles. Le Code civil allemand promulgué le 18 août 1896, expression définitive de l'atténuation des effets de la solidarité, vient, après

plusieurs autres, de les restreindre au minimum.
Il ne connaît qu'une obligation *in solidum*, et n'admet pas l'idée de mandat.

II. — AGGRAVATION DES EFFETS DU CAUTIONNEMENT.

123. — « Quand on consulte aujourd'hui des
« praticiens sur la manière dont s'engagent en géné-
« ral les cautions, ils répondent que la caution s'en-
« gage, dans la grande majorité des cas, comme
« caution solidaire, quelquefois comme codébiteur
« solidaire non intéressé, très rarement comme cau-
« tion simple. » (Marcel Fournier, *loc. cit.*, n° 2.)

Les formes d'engagement par lesquelles se mani-
feste cette tendance sont au nombre de quatre (Thisse,
thèse, p. 186) :

1° *Renonciation de la caution aux bénéfices de division et de discussion* (art. 2021 et 2026). Pas de
difficulté. L'engagement de la caution est accessoire. Il y aurait seulement à déterminer avec précision les effets de cette renonciation, et à résoudre
la controverse bien connue sur la solution à laquelle
renvoient les articles 2021 et 2026 du Code civil.
Ce serait en dehors du cadre de cette étude.

2° *Les cautions s'engagent solidairement entre elles*,
mais non solidairement avec le débiteur principal.
— Cette forme de garantie, dont les textes ne parlent
pas, présente un double caractère :

a) L'engagement est solidaire dans les rapports des cautions et du créancier. Par suite, il y aura lieu d'appliquer tous les effets des articles 1203 et suivants du Code civil, bien qu'il y ait ici encore beaucoup à dire sur l'idée de mandat ;

b) Les cautions sont des obligés accessoires par rapport au débiteur garanti. Elles jouissent des bénéfices ordinaires des cautions (voir Tartari, *Thèse de doctorat*. Grenoble, 1875).

3° *Cautionnement solidaire* (art. 2021 du Code civil).

4° Le garant contracte un *engagement solidaire pur* (articles 1216 et 1431 du Code civil combinés).

Reprenons ces deux dernières idées :

124. — *a*) *Engagement solidaire pur des garants.* — C'est le cas déjà connu du codébiteur solidaire non intéressé, c'est-à-dire du *correus non socius* romain.

L'idée qu'il faut se faire de cette situation peut se résumer en deux mots : le codébiteur non intéressé est tenu solidairement vis-à-vis du créancier ; accessoirement vis-à-vis du débiteur principal.

Ce qui différencie notre cas de celui de plusieurs cautions qui s'engagent solidairement entre elles, sans contracter une obligation solidaire avec le débiteur principal, c'est que, dans le cas de l'article 1216, le caractère accessoire de l'engagement n'est plus prépondérant. Par conséquent, le codébiteur solidaire de l'article 1216 ne pourra plus invoquer les bénéfices de la caution.

Au regard du créancier, il est un débiteur principal. Il faudra donc appliquer pour ou contre lui toutes les règles de la solidarité, y compris les articles 1205 et suivants. Le créancier n'encourra pas la déchéance de l'article 2037, s'il rend impossible la subrogation de l'article 1351-3°.

Mais, au regard du débiteur principal, le *correus non socius* est une caution. Il a un recours, et ce recours est réglé suivant le droit commun de la fidéjussion. C'est ainsi qu'à notre avis il pourra agir de suite, même avant l'échéance, contre le débiteur en faillite ou en déconfiture, et dans les autres cas prévus par l'article 2032 du Code civil.

125. — *b) Cautionnement solidaire* (1).— Pothier (*Obligations*, numéros 409 et 417), examinant l'effet de l'engagement des cautions qui se sont engagées solidairement, déclare qu'il contient renonciation aux exceptions de discussion et de division. Mais si l'on veut pénétrer plus intimement dans l'analyse de la condition de la caution solidaire, bien des difficultés surgissent. Le cautionnement solidaire présente réunis deux types d'engagement : la solidarité, forme d'engagement principal, le cautionnement, forme d'engagement accessoire. Lequel de

(1) Voir la remarquable étude faite par M. Marcel Fournier dans *Revue critique*, 1886, pp. 695 à 701. — Année 1887, pp. 40 à 57.

ces deux éléments est prépondérant? Si la solidarité l'emporte, la fusion du cautionnement et de la solidarité est bien près d'être achevée.

126. — Tout d'abord, les parties peuvent s'être expliquées à cet égard. Alors, il n'y aura qu'à consulter l'acte d'engagement (art. 1134). Toute notre matière est dominée par le grand principe de la *liberté des conventions*.

Dans le silence de l'acte générateur d'obligation, nous croyons, sans examiner l'opinion contraire cependant très défendue (1), que le caractère accessoire de l'engagement doit être présumé (*Sic:* Marcel Fournier, *loc. cit.*) (2). Sans doute, il serait souhaitable, pour la facilité de notre travail, de pouvoir adopter la décision contraire. Mais, bien que l'art. 2021 renvoie aux règles établies pour les obligations solidaires, nous ne pensons pas qu'il vise l'art. 1216 du Code civil. L'article 1216 se place dans l'hypothèse toute différente où le garant s'est engagé comme débiteur solidaire. Ici, il s'est engagé comme caution. Il y a donc au moins doute, et dans le doute il faut adopter l'opinion la plus favorable au débiteur, c'est-à-dire faire du cautionnement

(1) Duranton ; — Massé et Vergé sur Zachariæ, § 423. — Cf. Code civil Espagnol de 1889 (art. 1822).

(2) Marcel Fournier, n°s 22 et suivants, n°s 26 et suivants. — Code fédéral Suisse des Obligations, art. 495. — Code civil Japonais. — Cf. Tartari, p. 20.

solidaire un engagement accessoire. Nous pouvons invoquer en notre faveur la tradition (1).

127. — De notre opinion il résulte qu'il y a dans le cautionnement solidaire pluralité de liens, dont l'un est principal, les autres accessoires. Voici les principales conséquences : les articles 1205 et suivants du Code civil ne s'appliqueront pas au cas de cautionnement solidaire. La caution ne pourra non plus s'obliger *in duriorem causam* (art. 2013). Enfin, la caution solidaire pourra se prévaloir de plusieurs causes d'extinction des Obligations qu'un codébiteur solidaire ne saurait invoquer (compensation de ce que le créancier doit au débiteur principal, 1294, al. 1 C. civ.).

La jurisprudence est hésitante. Un arrêt de Cass. du 18 juillet 1866 décide que la solidarité ne change pas la nature du cautionnement, et se contente d'en modifier les effets (Dalloz, 66.1.326). D'autres arrêts décident le contraire (Requêtes, 7 juin 1882. D. 82. 1.441).

128. — *Conclusion*. — La solidarité et le cautionnement tendent à se confondre. Mais la fusion n'est pas encore près de se réaliser. Le *cautionnement solidaire*, trait d'union entre les deux institutions, est de plus en plus employé. La fusion serait donc à peu près accomplie, si l'on faisait prévaloir

---

(1) Pothier, nᵒˢ 409 et 417 de son *Traité des obligations*, hésite même à reconnaître que la caution solidaire a renoncé aux bénéfices.

dans le cautionnement solidaire la solidarité. Les principes de notre Code ne nous y autorisent pas.

Nous ne pensons pas qu'il soit besoin de modifier le Code à ce point de vue. Les intérêts contraires du créancier et du débiteur rendraient bien grande la difficulté à trouver une solution idéale. Mieux vaut leur confier la discussion de leurs intérêts. Si nous avions à émettre un vœu à cet égard, nous souhaiterions plutôt leur laisser plus de liberté.

CONCLUSION GÉNÉRALE DE NOTRE HISTOIRE DE LA SOLIDARITÉ

129. — Nous voilà arrivé au terme de notre étude. Il nous faudrait maintenant conclure.

Nous croyons avoir démontré que les effets de la solidarité vont toujours en s'atténuant. Le domaine de la solidarité *imparfaite* s'élargit peu à peu. L'interprétation bienveillante du *mandat* entre codébiteurs par la jurisprudence est conçue dans le même ordre d'idées.

Nous avons même admis la nécessité de ne plus courir du tout à l'idée de *mandat*, et nous souhaitons une réforme de nos lois dans le sens de l'extension de la solidarité *imparfaite*.

Cette réforme est-elle possible? Est-elle désirable? Est-elle proche? — Une étude succincte des législations étrangères nous instruira peut-être à cet égard?

DEUXIÈME PARTIE

DE L'IDÉE DE SOLIDARITÉ EN DROIT COMPARÉ

130. — Ainsi que nous l'avons annoncé, nous allons maintenant résumer les principales solutions du droit comparé en matière de solidarité, en distinguant deux groupes de législations : le groupe *latin*, et le groupe *germanique*.

CHAPITRE PREMIER

Législations Latines

131. — Par législations latines, nous entendons celles qui viennent du droit romain : France, Italie, Belgique, Espagne et Portugal, Républiques hispano-américaines, Brésil, toute l'Amérique Centrale et du Sud, la partie française du Canada (province de Québec) et enfin le Japon, qui vient de se donner un Code élaboré par un Français, M. Boissonnade, d'après les idées françaises.

Dans les législations latines, le fait le plus saillant, c'est que la solidarité existe dans des cas peu nombreux, mais avec des effets très énergiques.

SECTION PREMIÈRE

SOURCES DE LA SOLIDARITÉ

132. — 1° *La solidarité est restreinte à un petit nombre de cas.* — Notre Code civil, art. 1202, déclare que la solidarité ne se présume pas. Cette déclaration est répétée dans les articles 731 du Code civil portugais, 1137 du Code civil espagnol, 1188 du Code italien, 1105 du Code civil de la province de Québec, 1511 al. 2 du Code civil chilien, etc. Le principe est tellement général que même les législations germaniques en feront souvent la base de leurs théories, sauf à y déroger dans leurs applications (C. civil allemand de 1896, art. 420 ; — Code fédéral suisse des obligations, art. 162).

Chez nous, la solidarité peut résulter d'une convention ou d'une disposition de la loi (art. 1202). Elle peut aussi, d'après l'opinion commune, résulter d'un jugement.

133. — A. *Solidarité conventionnelle*. — La convention qui lui donne naissance peut être une *convention véritable* (un contrat), — ou un *testament*. — Aucune forme n'est exigée. Il suffit que l'intention des parties de s'obliger solidairement soit certaine.

Cette solidarité *conventionnelle* est très fréquente. Elle est devenue de style au civil entre *covendeurs* ou *coacquéreurs par indivis*, entre *copropriétaires* qui font faire des réparations à leurs immeubles (1), etc. — Elle recevrait certes une application encore plus étendue, pour le plus grand bien du crédit, sans les inconvénients multiples des effets du mandat tacite, admis par la majorité des auteurs. Il est vrai

(1) M. Raoul de la Grasserie, étude dans *Revue critique*, 1894, déjà citée.

que les parties ont la liberté de restreindre par la convention créatrice la rigueur de ces effets. Cela devient de plus en plus fréquent. Cette restriction serait encore plus fréquente, sans aucun doute, si les parties se rendaient bien compte des effets de la solidarité parfaite. Mais nous avons dit plus haut qu'il n'en est rien (n° 92).

134. — B. *Solidarité légale.* — Elle peut être établie par le Code civil, par le droit commercial, par le droit pénal, ou par des lois spéciales.

a) Le *Code civil* établit des cas assez nombreux de solidarité dans un intérêt social (art. 1202, texte de principe; — art. 395, 396, 1033, 1442, 1734 (avant la loi du 5 janvier 1883), 1887; 2002 du Code civil).

b) Le *droit commercial* prévoit la solidarité entre tous les signataires d'une lettre de change (art. 118, 120, 140 du Code de commerce) ou d'un billet à ordre (art. 187) entre associés en nom collectif (art. 22 C. comm.), entre commandités d'une société en commandite (art. 23 C. comm.), entre commanditaires qui se sont mêlés à la gestion (art. 28 C. comm. modifié par la loi du 6 mai 1863), entre administrateurs d'une société anonyme (art. 44, loi du 22 juillet 1867).

c) Le *Code pénal*, article 55, établit la solidarité entre les individus condamnés pour un même crime ou pour un même délit, pour le paiement des amendes, des restitutions, des dommages-intérêts et des frais. L'amende, étant une peine, doit être personnelle. Aussi la doctrine interprète restrictivement l'art. 55. Elle ne l'applique pas en cas de condamnation pour contraventions. — De plus, certaines législations étrangères (Belgique, Code pénal de 1867, art. 50; Code pénal italien du 30 juin 1889, art. 39; Code de procédure pénale allemand du 1ᵉʳ février 1887, art. 498, § 2; Code pénal japonais, art. 59) ont supprimé la solidarité pour le paiement de l'amende.

d) Enfin, la solidarité légale est établie par l'art. 32 de la loi du 22 frimaire an VII entre cohéritiers, pour le paiement des droits de mutation ; par l'art. 3 de la loi du 4 avril 1889, entre les propriétaires de chèvres conduites en commun, pour le paiement des dommages qu'elles ont causés (1).

135. — C. — Enfin, dans les cas d'obligation *in solidum*, après la condamnation, l'obligation change de nature et devient solidaire. C'est du moins l'opinion commune (2).

136. — Notre Code civil, nous l'avons démontré, connaît trois espèces de solidarité : une solidarité *parfaite*, qui est la règle générale ; une solidarité *imparfaite*, dans les cas où la loi, par une disposition, a

(1) Voir aussi l'art. 12 de la loi du 23 août 1871 ; *adde*, à titre de curiosité, l'article 6 de la loi du 25 février 1875, sur l'organisation des pouvoirs publics.

(2) Raoul de la Grasserie, dans *Revue critique*, 1894, pp. 595 et suiv.; Aubry et Rau, *loc., cit.;* M. de la Ménardière, à son cours.

dérogé aux effets ordinaires de la solidarité ; enfin, une obligation *in solidum* pour la réparation du préjudice causé par une faute ou un dol communs.

La différence entre la solidarité *imparfaite* et l'obligation *in solidum* consiste en ce que la solidarité même imparfaite ne se présume pas(1). De plus, nous pensons qu'il faut attribuer à la solidarité imparfaite tous les effets visés par les articles 1200 et suivants du Code civil, sauf exception quand le texte y déroge. Au contraire, l'obligation *in solidum* ne produira qu'un seul effet : chacun des débiteurs pourra être contraint de payer le tout, et le payement fait par un seul libérera les autres envers le créancier.

137. — Nous trouvons un système à peu près semblable dans les autres législations que nous appelons *latines*. Remarquons seulement que le Code de commerce mexicain ne distingue pas la solidarité de l'indivisibilité. Le Code civil de la province de Québec, art. 1105 *in fine*, faisant cesser une controverse de notre droit, consacre la décision généralement admise chez nous, et présume la solidarité entre tous les coobligés en matière commerciale. Enfin, l'art. 480 du Code de commerce argentin déclare solidaires toutes les cautions du droit commercial.

(1) M. Normand, *Traité de droit criminel*, n° 404.

SECTION II

EFFETS DE LA SOLIDARITÉ

138. — 2° *La solidarité a des effets très rigoureux.*
— Nous l'avons dit en traitant du mandat. La demande
d'intérêts formée contre l'un fait courir les intérêts
erga omnes. L'interruption de prescription contre l'un
a effet à l'égard de tous. Enfin, tous sont responsables de la faute ou de la demeure de l'un d'eux.

Au surplus, les effets de la solidarité sont à peu
près les mêmes que dans notre ancien droit, dans les
œuvres de Pothier. Nous n'avons donc pas à y reve-
nir. Une seule difficulté sérieuse existe en ce qui
concerne le *bénéfice de cession d'actions.* Les auteurs
sont divisés sur l'admission de ce bénéfice en faveur
des débiteurs solidaires.

Pour l'admettre, on invoque l'évolution historique
et une raison d'équité. Le bénéfice existait en droit
romain. L'ancien droit le conserve et le Code civil
n'a pas changé ce qui existait avant lui. Enfin, il est
équitable d'accorder au débiteur le bénéfice, aujour-
d'hui surtout qu'il y a une grande extension des
codébiteurs solidaires non intéressés.

Nous croyons cependant que le silence des textes
à cet égard est une preuve de ce que le bénéfice de
cession d'actions n'existe pas au profit des codébi-

teurs solidaires. Les rédacteurs du Code ont copié dans Pothier toutes les dispositions qu'ils ont voulu conserver. Or, le bénéfice est traité par Pothier au n° 280 de son *Traité des Obligations*, en pleine théorie de la solidarité. Si les rédacteurs du Code l'ont omis, c'est qu'ils avaient de bonnes raisons pour le faire, le bénéfice étant une cause de gêne pour le créancier.

139. — Sur les *législations latines*, notre seule observation sera la suivante : procédant les unes du droit romain, les autres du droit français, elles ont toutes admis la solidarité *parfaite* avec des effets identiques à ceux de notre Code civil. Il y aurait à signaler seulement quelques différences de détail, tenant surtout à cette idée que les législations postérieures à notre Code civil ont voulu faire cesser les controverses qu'il soulevait. (Voir notamment le Code civil espagnol, art. 1148, 1149 ; le Code civil italien, art. 1290). Pour le Code civil du Japon, voir plus haut (n° 90).

CHAPITRE DEUXIÈME

Législations Germaniques

140. — Dans ces législations, dont les plus remarquables sont le nouveau Code civil allemand et le Code fédéral suisse des obligations, nous pourrions dire, employant une formule générale, mais non absolue, que la solidarité existe dans des cas nombreux avec des effets limités. La limitation des effets est variable. Aucune de ces législations n'admet l'idée française du *mandat* entre les codébiteurs solidaires. Mais quelques-unes consacrent encore le principe romain de l'*unité d'objet* (législation helvétique, *Landrecht* prussien, Code civil autrichien). La législation suédoise, bien que n'ayant guère subi l'influence romaine pure (M. Raoul de la Grasserie, *les Codes suédois de 1734*, traduction, *passim*) arrive à peu près aux mêmes résultats ; les Codes russe et des provinces baltiques également. Le nouveau Code civil allemand, au contraire, a complètement rompu avec la tradition et ne connaît plus qu'une obligation *in solidum*.

PLAN

Nous allons étudier : — 1° les législations admettant la solidarité ; — 2° la législation nouvelle de l'Allemagne.

SECTION PREMIÈRE

LÉGISLATIONS GERMANIQUES ADMETTANT ENCORE LA SOLIDARITÉ

141. — Ce sont les législations russe et baltique, suédoise, autrichienne, prussienne, l'ancien droit allemand encore en vigueur jusqu'au 1er janvier 1900, enfin le Code fédéral suisse des obligations.

1° Le *Code des provinces baltiques de la Russie* admet encore la solidarité *parfaite*. L'art. 3353 de ce Code confirme textuellement l'article 1206 du Code civil français en ce qui concerne l'interruption de prescription. La solidarité existe dans le Code des provinces baltiques à peu près dans les mêmes cas (Lehr, *Éléments de droit civil russe*, 1890, t. II, p. 106, n. 736).

2° La loi qui régit les autres provinces de la *Russie* établit au contraire une *solidarité imparfaite*. Un arrêt du département civil de la Cour de cassation russe (année 1885, n° 82) a jugé que l'action introduite contre l'un des codébiteurs solidaires n'interrompt pas la prescription contre les autres.

Aussi, la loi russe est beaucoup plus large que la nôtre dans sa théorie sur les *sources de la solidarité.* La solidarité conventionnelle pourra exister en vertu d'une convention par laquelle les codébiteurs auront déclaré s'obliger *en commun,* ou *en général, indivisément (nerazdielno).* Elle pourra même résulter d'un jugement contenant les mêmes expressions. (Lehr, *loc. cit.,* p. 105, n° 755). La solidarité *légale* existe en l'absence de toute stipulation expresse : — 1° entre *covendeurs* ou *coacheteurs* qui ont reçu conjointement des arrhes ; — 2° entre *copropriétaires* d'une maison, pour le paiement des travaux exécutés dans cette maison ; — 3° entre *concessionnaires de travaux* ou de fournitures.

142. — 3° Les *lois suédoises* sont particulièrement intéressantes à cause de leur originalité. Presque tout y est d'origine coutumière. Les principes romains n'ont pénétré en Suède qu'à travers l'Allemagne, et si l'on en retrouve quelques-uns, c'est qu'ils ont été introduits après être passés, d'abord, dans le droit germanique (1). Ici encore aucun doute : c'est la solidarité *imparfaite* qui est admise. L'ordonnance royale du 4 mars 1862, §§ 5 et 13 (Codes suédois traduits par M. Raoul de la Grasserie, pp. 214 et 216) consacre formellement le principe de l'effet relatif de l'interruption de prescription. — Une ordonnance

____

(1) Raoul de la Grasserie, *les Codes suédois de 1734,* traduction, *passim,* et notamment dans l'Introduction.

royale du 18 septembre de la même année 1862 établit la solidarité des héritiers relativement aux dettes héréditaires.

143. — 4° La *législation allemande* actuelle est également notable. La solidarité y a les mêmes effets qu'en France, mais ils ne procèdent pas d'un mandat sous-entendu De plus, dans le *Landrecht prussien* et dans le *Code autrichien*, le jugement rendu au profit de l'un des débiteurs, ou la prescription acquise par l'un d'eux, ne profite pas aux autres (Raoul de la Grasserie, article dans *Revue critique*, 1894). Ces mêmes actes ne pourront évidemment leur nuire, et le *Landrecht prussien* établit une solidarité *imparfaite.*

Conséquence immédiate : le *Landrecht prussien* donne une très grande extension aux cas de solidarité. La solidarité y existe dans tous les contrats, lorsqu'il y a concours dans le même acte de plusieurs débiteurs ou de plusieurs créanciers. Dans la dette conjointe divisible (*Theilschŭld*) (1) chacun des débiteurs n'est tenu tout d'abord que pour sa part, mais il est tenu subsidiairement pour le tout. Il jouit seulement d'une sorte de bénéfice de discussion. Mais ce bénéfice de discussion est neutralisé par l'insolvabilité des autres débiteurs. C'est donc bien là une institution propre au droit prussien. Elle paraît

(1) Lehr, *Droit civil germanique, passim,* notamment n° 136, p. 168 (édition de 1875).

donner au créancier les mêmes garanties que l'obligation solidaire proprement dite, sans être aussi onéreuse aux débiteurs.

Le *Landrecht prussien* établit la *solidarité légale* dans de nombreux cas : entre héritiers pour dettes héréditaires ; entre associés même civils, cocautions, cotuteurs, quelquefois entre les codébiteurs d'une dette alimentaire.

144. — 5° *Code fédéral suisse des obligations.* — D'après l'article 165 de ce Code, « l'un des débiteurs solidaires ne peut pas aggraver par son fait personnel la position des autres ». Le Code fédéral a donc repoussé la principale conséquence du mandat, écrite dans notre article 1205. Il est regrettable, ainsi que nous l'avons dit plus haut, qu'il se soit arrêté à mi-chemin et qu'il n'ait pas admis l'effet relatif de l'interruption de prescription, proposé par le projet.

SECTION II

CODE CIVIL ALLEMAND DU 18 AOUT 1896

145. — Cette fois, nous trouvons une organisation absolument originale. Le Code civil allemand n'accepte ni l'idée de mandat du droit français, ni l'unité objective d'obligation du droit romain. Pour le législateur allemand, il n'y a qu'une simple obligation *in solidum*. Les raisons d'équité tant de fois signalées au cours de cette étude obtiennent un triomphe complet.

Le Code, après avoir énuméré les effets qu'il attache à cette situation particulière, où il y a pluralité de débiteurs, nous dit dans l'article 425 : « *les faits « autres que ceux indiqués... n'ont effet... que « pour ou contre le débiteur solidaire dans la per- « sonne duquel ils se sont accomplis.* » Il en est ainsi notamment, ajoute cet article (édition Raoul de la Grasserie, traduction du Code civil allemand) de « la dénonciation, de la demeure, de la faute, « de l'impossibilité de prester existant dans la per- « sonne d'un des débiteurs solidaires, de la pres- « cription, de son interruption ou de sa suspension, « et de l'effet du jugement passé en force de chose « jugée. »

C'est, on le voit, l'accomplissement du dernier terme de l'évolution que nous avons décrite dans cette thèse. Les liens obligatoires qui attachent au créancier chacun des codébiteurs solidaires sont absolument indépendants. Leur seul point de con tact, c'est qu'un seul paiement suffit à les rompre tous (art. 422). Il faut, bien entendu, assimiler au paiement les autres modes d'extinction *satisfactoires* (compensation opposée, dation en paiement, remise objective de la dette ou *acceptilatio* du droit romain).

CONCLUSION GÉNÉRALE

146. — La brève étude que nous venons de faire,
de la solidarité en droit comparé, semble nous au-
toriser à conclure que la tendance à atténuer la rigueur de ses effets n'est pas spéciale au droit français. La réforme accomplie récemment par le Code
civil allemand est particulièrement significative à cet
égard.

Devons-nous croire à la disparition prochaine
de la solidarité et à son remplacement général par
la simple obligation *in solidum*? Tel serait bien le
résultat de l'évolution, si nous en croyions M. Raoul
de la Grasserie (*loc.cit.*). « On ne peut s'empêcher, dit-
« il, de constater un phénomène historique remar-
« quable, c'est que les institutions qui, dans une légis-
« lation, prennent naissance comme exceptionnelles,
« à côté de celle principale et classique, sont desti-
« nées dans l'avenir à devenir principales à leur tour,
« puis à remplacer l'autre. C'est ce qui arrive ici.
« L'obligation *in solidum* tend, dans le droit de
« l'avenir, à remplacer la corréale. »

« La solidarité parfaite, dit-il un peu plus loin,
« doit disparaître avec les idées de mandat qu'on y
« a jointes pour l'étayer. »

A ce dernier point de vue, nous sommes entièrement d'accord avec M. Raoul de la Grasserie. La solidarité *parfaite* nous semble appelée à disparaître, tout au moins la solidarité *légale* parfaite ; car s'il s'agit de la solidarité *conventionnelle*, il est de toute évidence que les parties doivent pouvoir en régler les effets comme elles l'entendront.

Il est injuste, à notre avis, de présumer, entre codébiteurs solidaires de par la loi, une soumission aux effets exorbitants des articles 1205 et suivants du Code civil. Ces débiteurs ne se sont peut-être même pas connus. Pourquoi supposer entre eux une représentation quelconque ? — Combien de coobligés en matière de lettre de change, par exemple, ne se sont jamais vus et ne se verront jamais ! La *loi hongroise sur le change* de 1876, art. 87, al. 1, nous semble logique, quand elle déclare qu'en matière de change la prescription est interrompue seulement relativement aux obligés en vertu de la lettre de change, contre lesquels l'action est dirigée. — Nous approuvons complètement cette disposition, déjà reproduite même par certains Codes des législations latines. (Voyez notamment C. comm. argentin du 9 octobre 1889, article 848, dernier alinéa.) Il y a là, croyons-nous, une *pierre d'attente*, et la généralisation s'impose. Elle n'est d'ailleurs qu'une question de temps.

Nous croyons même qu'un avenir prochain réalisera la réforme dans tous les cas de solidarité légale. Le continuel adoucissement des effets de la solidarité, son rapprochement progressif avec le cautionnement, nous semblent dicter son devoir au législateur de l'avenir. Le domaine de la solidarité *imparfaite* doit s'élargir, il s'élargira jusqu'à absorber tous les cas de solidarité légale.

Mais nous n'allons pas plus loin. La solidarité est un moyen de crédit; il faut que la convention de solidarité donne au créancier une sécurité suffisante, pour qu'elle ne disparaisse pas. Peut-être y aurait-il urgence à supprimer les résultats *erga omnes* de la faute et de la demeure. Les autres effets que l'on fonde ordinairement sur l'idée de mandat doivent être maintenus en matière de solidarité conventionnelle. Rien n'empêchera les parties de les limiter.

Le vœu que nous émettons est en d'autres termes celui-ci : étendre à la solidarité, encore plus qu'aujourd'hui, le grand principe de la liberté des conventions. — Pour le surplus, restreindre les effets de la solidarité conventionnelle dans la mesure de l'intention probable des parties ; ne pas donner à la solidarité légale d'autres conséquences que celles qui seront absolument nécessaires, pour sauvegarder les intérêts sociaux qui la font admettre, dans certains cas déterminés.

Quant au deuxième vœu de M. Raoul de la Grasserie (*loc. cit.*, *in fine*), « toutes les fois que deux per-

« sonnes promettraient relativement à une chose
« commune entre elles, elles seraient obligées solidairement » ; nous avons fait pressentir (v. n° 133)
ce que nous en pensions. Il n'y aurait pas besoin pour
cela de dispositions législatives. Le principe de l'article 1134 suffirait. « Les covendeurs seraient bien
débiteurs solidaires de la garantie, et les coacquéreurs du paiement, » mais en vertu de conventions
librement consenties.

Vu par le Président de la Thèse et approuvé :

Poitiers, le 12 octobre 1898.

C. DE LA MÉNARDIÈRE.

Vu :

Le Doyen

LE COURTOIS.

VU ET PERMIS D'IMPRIMER :

Poitiers, le 14 octobre 1898.

Le Recteur.

H. CONS.

BIBLIOGRAPHIE DE LA SOLIDARITÉ

§ 1er. — Ouvrages généraux

Mommsen. — Histoire romaine.

Von Ihering. — L'Esprit du Droit romain.

Accarias. — Traité de Droit romain.

G. May. — Traité de Droit romain.

Girard. — Traité de Droit romain.

Petit. — Traité de Droit romain.

Brinz. — Pandekten.

Dernburg. — Pandekten.

Loysel. — Institutes coutumières.

Dumoulin. — Prima lectio dolana.

Renusson. — Traité des Subrogations.

Pothier. — Traité des Obligations.

Giraud. — Histoire du Droit français au Moyen-Age.

Gautier. — Histoire du Droit.

Viollet. — Histoire du Droit.

Domat. — Lois civiles de la France.

Cujas. — Œuvres.

Esmein. — Etude sur les Contrats dans le très ancien Droit français.

Duranton. — Traité de Code civil.

Toullier. — Traité de Code civil.

Aubry et Rau. — Traité de Code civil.

Demolombe. — Traité de Code civil.

Colmet de Santerre. — Traité de Code civil.

Laurent. — Traité de Code civil.

Larombière. — Théorie et pratique des Obligations.

Vigié. — Traité de Code civil.

Baudry-Lacantinerie. — Traité de Code civil.

Lacoste. — De la chose jugée, nos 591 et suiv.

Saleilles. — Théorie de l'Obligation d'après le projet de Code civil allemand.

Thaller. — Des Faillites en Droit comparé. Paris, 1898.

Huc. — Traité de Droit civil, tome VII.

Lehr. — Eléments de Droit civil germanique.

Lehr. — Eléments de Droit civil russe.

Normand. — Traité de Droit criminel.

§ 2. — Ouvrages sur la Solidarité.

Dumoulin. — Extricatio labyrinthi de Dividuo et Individuo.

Alglave. — De la Solidarité entre les débiteurs. Paris, 1868.

Demangeat. — Des Obligations solidaires.

Léon Bourgeois. — De la Solidarité (au point de vue social).

Krauss. — Die Solidarhaft bei den Erwerbs und Wisthschafts genossenschaften (Bonn, 1878).

Victor Wudner. — Die Correal solidarität (Wien, 1885).

Ch. Fournier. — De la Solidarité. Paris, 1847.

H. Renaud. — Solidarité; Vue synthétique sur la doctrine de Fournier. Paris, 1887, in-8.

Fittng. — Correal Obligation.

§ 3. — Thèses de doctorat.

Huguet. — De la Solidarité, 1848.

Bahuno du Liscoet. — De la Solidarité. Poitiers, 1856.

Courot. — De la Solidarité en droit romain et en droit français. Paris, 1852.

Bellaigue. — De la Solidarité en droit romain et en droit français. Paris, 1853.

Parfait Berthelot. — De la Solidarité en droit romain et en droit français. Paris, 1854.

Esperonnier. — De la Solidarité en droit romain et en droit français. Paris, 1854.

Dabot. — De la Solidarité en droit romain et en droit français. Paris, 1854.

Créquy. — De la Solidarité en droit romain et en droit français. Paris, 1856.

Lanusse. — De la Solidarité en droit romain et en droit français. Paris, 1865.

Lewandowski. — De la Solidarité en droit romain et en droit français. Paris, 1866.

Galliot. — De la Solidarité en droit romain et en droit français. Paris, 1872.

Calland. — De la Solidarité en droit romain et en droit français. Paris, 1872.

Cuniac. — De la Solidarité en droit romain et en droit français.
   Toulouse, 1874.
Rieusseg. — De la Solidarité en droit romain et en droit français.
   Province, 1874.
Pingeot. — De la Solidarité en droit romain et en droit français.
   Province, 1876.
Loison. — De la Solidarité en droit romain et en droit français.
   Province, 1877.
L. Féder. — De la Solidarité en droit ancien et moderne. Paris,
   1877.
Roger Thisse. — Remarquable Etude comparée sur l'histoire et le
   rôle actuel du Cautionnement et de la Solidarité. Montpellier, 1895.
Tartari. — Thèse sur le Cautionnement. Grenoble, 1875.

§ 4. — Articles de Revue sur la Solidarité et le Cautionnement solidaire.

F. Mourlon. — Cautionnement solidaire (Revue critique, 1853).
Eug. Paringault. — La Solidarité des amendes dans la législation
   criminelle (Revue historique, tome III, p. 561).
R. Magnier. — De la Solidarité en matière de quasi-délits (Revue
   critique, tome II, 1852, p. 571).
V. Molinier. — De la Solidarité et de l'Indivisibilité (Revue criti-
   que, 1853, pp. 48 et 356).
Hauriou. — De la Corréalité (Nouvelle Revue historique, 1882).
Ch. Gide. — De l'Idée de Solidarité en tant que programme écono-
   mique (Revue internationale de Sociologie, année 1893).
Gérardin. — Etude sur la Solidarité (Nouvelle Revue historique,
   1884 et 1885).
Marcel Fournier. — Du Cautionnement solidaire (Revue critique,
   1886 et 1887).
Raoul de la Grasserie. — Des conditions et des effets de la Soli-
   darité entre débiteurs (Revue critique, 1894).
L. Lucas. — Etude sur l'importance comparée des Sûretés réelles et
   personnelles (Revue générale de droit, 1886).
Guénot. — De la réalisation des condamnations dans le *Sacramen-
   tum in rem* (Nouvelle Revue historique, 1893).
Charmont. — Etude sur la Solidarité dans Revue critique de 1894.
Tissier. — Notes sous des arrêts de Jurisprudence dans Sirey, années
   1893 et 1894.

TABLE DES MATIÈRES

IDÉES GÉNÉRALES

PREMIÈRE PARTIE

HISTOIRE DE LA SOLIDARITÉ PASSIVE

CHAPITRE PREMIER. — Histoire de la Solidarité passive en droit Romain.

CHAPITRE II. — Ancien droit français.

DEUXIÈME PARTIE

DE L'IDÉE DE SOLIDARITÉ EN DROIT COMPARÉ

Chapitre premier. — **Législations latines.**

CHAPITRE II. — **Législations germaniques**.